Le petit mercure

Suivi éditorial par Jean-Michel Décimo

Le goût de Jérusalem

Textes réunis et présentés
par Eglal Errera

Mercure de France

Remerciements à Farouk Mardam-Bey

ISBN 978-2-7152-2364-6

SOMMAIRE

Alphonse de Lamartine : La lumière 13
Le Tasse : La terre désirée 18

Adonis : Le voile de Jérusalem 22

TOUCHER LES LIEUX SACRÉS

La Bible, chroniques 28/11-19 : Le Premier Temple 27
Ya'qubi : Bayt el-Maqdis 29
Rabbi Jacob : Le mont du Temple 31
Ya'qubi : La tradition des trois mosquées 35
Ibn Battuta : Le dôme du Rocher 37
Pierre Loti : La Via Dolorosa 40
Saint Jérôme : Les noms de Jérusalem 46
Ernest Renan : Colère 48

L'Ancien Testament : Gloires 137 (Le psaume des exilés juifs de Babylone) 53
Mahmoud Darwich : Psaume CLI 55
Le Nouveau Testament : L'évangile selon saint Matthieu 57

MONTER À JÉRUSALEM

Maqdisi : Les attributs de Jérusalem 61
Gustave Flaubert : Indifférence 65
Herman Melville : Carnets (1857) 71
Michel Butor : Neuf instantanés de Jérusalem (Le 29 avril 1994) 76

Avot Yeshurun : Elle ne savait la femme elle ne savait 81
Anton Shammas : L'enfant sage 83

VIVRE OU PERDRE JÉRUSALEM

Samuel-Joseph Agnon : Balak, chien fou 89
Jabrâ Ibrahim Jabrâ : Le navire 93
Émile Habibi : Le retour 98
David Shahar : Le jour 106
Le soir 108

Yehuda Amichai : Poèmes du pays de Sion et de Jérusalem 111
Dalia Rabikovitch : Qui es-tu, haut mont 116
Mahmoud Darwich : Cantiques 118

Abraham B. Yehoshua : Le mépris britannique 122
Edward W. Said : À contre-voie 126
Amos Oz : Une histoire d'amour et d'obscurité 130
Sahar Khalifa : Une image, une icône et les temps anciens 134
Mûrid Al-Barghûti : La Jérusalem de la corde à linge 138
David Grossman : Voir ci-dessous : amour 142

POST-SCRIPTUM : AMOUR

Ted Carmi : À la pierre des pertes 147
Paul Celan : L'enclos du temps 149

INTRODUCTION

« Quelle est cette ville au-delà des montagnes
Qui se casse et se reforme et explose dans l'air violet
Ces tours effondrées
Jérusalem Athènes Alexandrie
Vienne Londres
Spectres »

T.S. ELIOT,
La terre vaine

Au xe siècle, l'historien arabe Maqdisi cite la Torah : « Jérusalem est une cuve d'or remplie de scorpions. » C'est qu'il avait goûté à la félicité de ses cieux et respiré son air empoisonné. Comme cela fut pour le roi David, ou Jésus. Comme cela sera, neuf ou dix siècles plus tard, pour Lamartine, Flaubert ou Loti. Et comme cela est, aujourd'hui, pour ceux qui y vivent, ceux qui l'ont perdue et qui s'en souviennent, ceux qui viennent la voir.

La grandeur de son site, le désert qui la prend de partout, la couleur rosée et la tendresse de ses pierres lorsque le soleil s'en va, la pureté un peu effrayante de son ciel, ses nuits incomparablement étoilées, toute cette beauté est peu de chose en regard du mystère de la lumière et sa sensualité paradoxale, austère et frémissante.

La félicité de Jérusalem, c'est la bonté de cette lu-mière, la paix qu'elle instille, insensiblement, à notre insu presque, lentement.

Car cette ville ne s'offre pas d'emblée. Il faut la laisser se saisir de nos sens, nous forcer à lâcher notre pensée, délester notre regard de ce que nous savons ou croyons connaître, abandonner notre vigilance. Nous autoriser à oublier son histoire.

Le poison de Jérusalem, aussi ancien que sa naissance, aussi fulgurant aujourd'hui qu'il le fut autrefois, c'est le meurtre rendu légitime et banal par tous ceux qui font des croyances religieuses l'instrument de leur soif d'hégémonie.

Si, au Moyen Âge, les pèlerins et voyageurs musulmans (Maqdisi, Ya'qubi, Ibn Battuta) ou juifs (Rabbi Jacob) ont éprouvé à Jérusalem la puissante émotion qu'ils escomptaient, les nombreux écrivains voyageurs chrétiens (Flaubert, Loti, Lamartine, Melville, Renan), nourris de textes sacrés, alourdis de références religieuses et littéraires, ont mesuré la ville à l'aune de leurs attentes et de leurs exigences, guettant, le plus souvent en vain, le vertige mystique qu'elle avait le devoir de leur procurer. Alors, forts de leur foi ou de la préséance de leur culture, ils l'ont jugée banale – donc coupable –, orientale sans éclat – donc barbare.

Plus encore que le regard, l'écriture semble devoir payer son tribut à la prégnance du verbe sacré. Même pour les écrivains et poètes israéliens et palestiniens, à qui Jérusalem appartient et qu'ils connaissent intimement. Leurs textes, qui occupent une place majeure de ce livre, renvoient immanquablement à la poésie et à l'esprit des textes bibliques : qu'ils les exaltent (David

Shahar, Sahar Khalifa), les parodient et les combattent (Mahmoud Darwich, Anton Shammas, Yehuda Amichai), s'en affranchissent (Amos Oz, Abraham Yehoshua, Jabrâ Ibrahim Jabrâ) ou décident d'en jouer (Avot Yeshurun).

Mais tous recherchent dans la forme de leur écriture une langue nouvelle, dégagée du canon et de la fixité des deux langues « sacrées », l'hébreu biblique et l'arabe coranique. Car, curieusement, l'arabe et l'hébreu se trouvent à un moment similaire de leur histoire, placés face au même défi, à la même difficulté : l'appropriation de la modernité et du mouvement qu'elle demande ; tâche d'autant plus ardue quand cette écriture a pour objet Jérusalem.

Parmi eux, les poètes demeurent les plus incisifs, les plus percutants. Comme si la langue de cette ville demeurait incantatoire, tissée d'un lyrisme très particulier, souvent irrévérencieux et iconoclaste.

Ainsi, des groupes de textes bibliques – présentés ici comme des textes poétiques – mêlés de poèmes contemporains, scandent les récits et les extraits romanesques. Ce sont des points d'orgue, des pauses qui viennent casser la continuité chronologique de l'ensemble.

Le parcours que dessine cet ouvrage tente de retracer, d'une part, les principaux lieux mentaux et géographiques de la Jérusalem millénaire et, d'autre part, ceux, familiers, quotidiens, laïcs des Israéliens qui y vivent toujours, associés à la mémoire tout aussi intime des Palestiniens qui en sont exilés.

Jérusalem biblique et coranique dont les monuments et les vestiges abondent comme autant de balises historiques : marcher dans la vieille ville, à l'intérieur des remparts construits par Saladin, ou sur le mont Sion ou encore sur celui des Oliviers, c'est se promener dans les textes sacrés, judéo-chrétiens ou musulmans, les juxtaposer, les fondre les uns dans les autres, comme le fait le paysage.

Quant à la génération des écrivains hiérosolomytains, juifs et arabes, nés dans les années 1930 et 1940, leurs romans les ramènent étrangement sur les lieux communs de leur enfance au temps du mandat britannique sur la Palestine, quand ils se côtoyaient encore, avant que n'éclate leur première guerre.

D'une certaine façon, ils aiment et écrivent la même Jérusalem et ils partagent peut-être la nostalgie du poète Gabriel Preil :

Un après-midi, rue Alharizi
Paraît dans un cadre convexe
Une heure de grâce si violette
Qu'elle a dû parfois chuchoter
Au prophète fatigué du feu
Le rêve d'un village frais parmi les étoiles [1].

Eglal ERRERA

1. *De Jérusalem : premier poème*, traduit de l'hébreu par R. Bleitrach, in *Anthologie de la poésie en hébreu moderne*, Gallimard, collection « Du monde entier », 2001.

ALPHONSE DE LAMARTINE

La lumière

Le 20 octobre 1832, Lamartine aborde Jérusalem. La ville lui est interdite car y sévit une terrible épidémie de peste. Il la contemple de loin, s'en approche, la regarde encore et perçoit ce qui reste l'une des beautés saisissantes de cette ville : sa lumière.

Nous laissons derrière nous ces ruines, étincelantes des rayons les plus hauts du matin : ces rayons ne sont pas fondus, comme en Europe, dans une vague et confuse clarté, dans un rayonnement éclatant et universel ; ils s'élancent du haut des montagnes qui nous cachent Jérusalem, comme des flèches de feu de diverses teintes, réunies à leur centre, et divergeant dans le ciel à mesure qu'ils s'en éloignent : les uns sont d'un bleu légèrement argenté, les autres d'un blanc mat ; ceux-ci d'un rose tendre et pâlissant sur leurs bords, ceux-là d'une couleur de feu ardent, et chauds comme les rayons d'un incendie, – divisés, et cependant harmonieusement accordés, par des teintes successives et dégradées : ils ressemblent à un brillant arc-en-ciel, dont le cercle se serait brisé dans le firmament, et qui se disséminerait dans les airs. – C'est la troisième fois que ce beau phénomène de l'aurore ou du coucher du soleil se présente à nous sous cet aspect, depuis que nous sommes dans la région montagneuse de la Galilée et de la Judée; c'est l'aurore ou le soir tels que les peintres antiques les représentent, image qui paraîtrait fausse à qui n'a pas été témoin de la réalité. – À mesure que le jour monte, l'éclat distinct et la couleur azurée ou enflammée de chacune de ces barres lumineuses diminue, et se fond dans la lueur générale de l'atmosphère; et la lune qui était suspendue sur nos têtes, rose encore et couleur de feu, s'efface, prend une teinte nacrée, et s'enfonce dans la profondeur du ciel comme un disque d'argent, dont la couleur pâlit à mesure qu'il s'enfonce dans une eau profonde. Après avoir gravi une seconde montagne, plus haute et plus nue encore que la première, l'horizon s'ouvre tout à coup sur la droite, et laisse voir tout l'espace qui s'étend entre les derniers sommets de la Judée où nous sommes, et la haute chaîne des montagnes d'Arabie. Cet espace est inondé déjà de la lumière ondoyante et vaporeuse du matin; après les collines inférieures qui sont sous nos pieds, roulées et brisées en blocs de roches grises et concassées, l'œil ne distingue plus rien que cet espace éblouissant et si semblable à une vaste mer, que l'illusion fut pour nous complète, et que nous crûmes discerner ces intervalles d'ombre foncée et de plaques mates et argentées, que le jour naissant fait briller ou fait assombrir sur une mer calme. Sur les bords de cet océan imaginaire, un peu sur la gauche de notre horizon, et environ à une lieue de nous, le soleil brillait sur une tour carrée, sur un minaret élevé, et sur les larges murailles jaunes de quelques édifices qui couronnent le sommet d'une colline basse, et dont la colline même nous dérobait la base : mais à quelques pointes de minarets, à quelques créneaux de murs plus élevés, et à la cime noire et bleue de quelques dômes qui pyramidaient derrière la tour et le grand minaret, on reconnaissait une ville, dont nous ne pouvions découvrir que la partie la plus élevée, et qui descendait le long des flancs de la colline : ce ne pouvait être que Jérusalem; nous nous en croyions plus éloignés encore, et chacun de nous, sans oser rien demander au guide, de peur de voir son illusion détruite, jouissait en silence de ce premier regard jeté à la dérobée sur la ville, et tout m'inspirait le nom de Jérusalem. C'était elle! Elle se détachait en jaune sombre et mat, sur le fond bleu du firmament et sur le fond noir du mont des Oliviers. Nous arrêtâmes nos chevaux pour la contempler dans cette mystérieuse et éblouissante apparition. Chaque pas que nous avions à faire, en descendant dans les vallées profondes et sombres qui étaient sous nos pieds, allait de nouveau la dérober à nos yeux : derrière ces hautes murailles et ces dômes abaissés de Jérusalem, une haute et large colline s'élevait en seconde ligne, plus sombre que celle qui portait et cachait la ville : cette seconde colline bordait et terminait pour nous l'horizon. Le soleil laissait dans l'ombre son flanc occidental; mais rasant de ses rayons verticaux sa cime, semblable à une large coupole, il paraissait faire nager son sommet transparent dans la lumière, et l'on ne reconnaissait la limite indécise de la terre et du ciel qu'à quelques arbres larges et noirs plantés sur le sommet le plus élevé, et à travers lesquels le soleil faisait passer ses rayons. C'était la montagne des Oliviers; c'étaient ces oliviers eux-mêmes, vieux témoins de tant de jours écrits sur la terre et dans le ciel, arrosés de larmes divines, de la sueur de sang, et de tant d'autres larmes et de tant d'autres sueurs, depuis la nuit qui les a rendus sacrés. On en distinguait confusément quelques autres qui formaient des taches sombres sur ses flancs ; puis les murs de Jérusalem coupaient l'horizon, et cachaient le pied de la montagne sacrée : plus près de nous, et immédiatement sous nos yeux, rien que le désert de pierres, qui sert d'avenue à la ville de pierres : – ces pierres énormes et fondues, d'une teinte uniforme de gris de cendre, s'étendent, sans interruption, depuis l'endroit où nous étions jusqu'aux portes de Jérusalem. Les collines s'abaissent et se relèvent ; des vallées étroites circulent et serpentent entre leurs racines ; quelques vallons même s'étendent çà et là, comme pour tromper l'œil de l'homme et lui promettre la végétation et la vie ; mais tout est de pierres, collines, vallées et plaines : ce n'est qu'une seule couche de dix ou douze pieds d'épaisseur de roches, qui n'offrent qu'assez d'intervalle entre elles pour laisser ramper le reptile, ou pour briser la jambe du chameau qui s'y enfonce. Si l'on se représente d'énormes murailles de pierres colossales comme celles du Colisée ou des grands théâtres romains, s'écroulant d'une seule pièce, et recouvrant de leurs pans immenses la terre qui les porte, on aura une exacte idée de la couche et de la nature des roches qui recouvrent partout ces derniers remparts de la ville du désert. Plus on approche, plus les pierres se pressent et s'élèvent comme des avalanches éternelles, prêtes à engloutir le passant. Les derniers pas que l'on fait avant de découvrir Jérusalem sont creusés au milieu d'une avenue immobile et funèbre de ces rochers qui s'élèvent de dix pieds au-dessus de la tête du voyageur, et ne laissent voir que la partie du ciel qui est au-dessus d'eux : nous étions dans cette dernière et lugubre avenue, nous y marchions depuis un quart d'heure, quand les rochers, s'écartant tout à coup à droite et à gauche, nous laissèrent face à face avec les murs de Jérusalem, auxquels nous touchions sans nous en douter. Un espace vide de quelques centaines de pas s'étendait seul entre la porte de Bethléem et nous : cet espace, aride et ondulé comme ces glacis qui entourent de loin les places fortes de l'Europe et désolé comme eux, s'ouvrait à droite, et s'y creusait en un étroit vallon, qui descendait en pente douce, et à gauche il portait cinq vieux troncs d'oliviers à demi couchés sous le poids du temps et des soleils ; arbres pour ainsi dire pétrifiés, comme les champs stériles d'où ils sont péniblement sortis. La porte de Bethléem, dominée par deux tours couronnées de créneaux gothiques, mais déserte et silencieuse comme ces vieilles portes de châteaux abandonnés, était ouverte devant nous. Nous restâmes quelques minutes immobiles à la contempler ; nous brûlions du désir de la franchir, mais la peste était à sa plus haute période d'intensité dans Jérusalem : on ne nous avait reçus au couvent de Saint-Jean-Baptiste-du-Désert que sous la promesse la plus formelle de ne pas entrer dans la ville.

Le voyage en Orient

LE TASSE

La terre désirée

Jérusalem libérée *est un immense poème épique écrit au* XVIe *siècle, en Italie, par Torquato Tasso, dit en français le Tasse. Les croisés, menés par Godefroy de Bouillon, sont aux portes de Jérusalem. Quelques jours plus tard, ils l'auront prise. L'heure n'est pas au combat ni à la victoire arrogante mais à l'émotion, à la crainte. La vue de Solime, alias Jérusalem, où mourut leur Dieu, assourdit les voix et fait monter les soupirs et les larmes.*

1

S'était levée la brise messagère
Pour annoncer que l'aurore s'en vient,
Et celle-ci se pare, et se fleurit
Le chef doré de roses paradises,
Lorsque le camp, s'appareillant aux armes,
Bruissait déjà d'une grande rumeur,
Anticipant les trompes, qui lors lancent
Leur appel éclatant, plein d'espérance.

2

De son doux mors, le sage capitaine
Modère et suit leurs impatients désirs :
Dévier le cours des ondes volubiles
Près de Charybde il serait plus aisé,
Freiner Borée quand il secoue l'échine
De l'Apennin et engloutit les nefs.

Il commande, et les guide et fait marcher
D'un pas rapide, oui, mais mesuré.

3

Ils ont des ailes, tous, au cœur, aux pieds,
Et nul ne s'aperçoit qu'il va, véloce,
Mais, quand le soleil fiert les champs arides
De rais fervents et s'élève dans l'air,
Voici soudain Jérusalem paraître,
Voici Jérusalem : les doigts se tendent,
Voici qu'on ouït par mille voix unies
Jérusalem saluée d'un seul cri.

4

Ainsi des navigants audacïeux
Qui vont cherchant d'insolites rivages,
En mer douteuse et sous des nouveaux cieux,
Affrontent l'air perfide et l'eau traîtresse,
S'ils découvrent enfin le sol rêvé,
Au lointain le saluent d'un cri joyeux;
On se le montre, on oublie cependant
L'ennui du long chemin et les tourments.

5

Mais au plaisir de la prime vision,
Qui doucement emplit le cœur de tous,
Suivit contrition grande, entremêlée
De sentiments de crainte et révérence.
Ore à peine s'ils osent lever l'œil
Vers la Cité, séjour choisi de Christ,
Où il mourut, et fut enseveli,
Et puis ses propres membres revêtit.

6

Humbles accents et propos étouffés,
Larmes, sanglots, soupirs pleins de faiblesse
De ce peuple qui pleure et s'éjouït
Font circuler dans l'air un seul murmure,
Ainsi qu'on l'oit dans les profondes sylves
S'il advient que le vent souffle en les frondes,
Ou qu'entre les récifs, près des rivages,
Siffle la mer en un rauque tapage.

7

Et chacun le sentier foule pied nu,
Car l'exemple des chefs les y invite :
Ornement d'or, de soie, cimier superbe,
Panache, on les dépouille de sa tête,
Et l'on dépose ensemble de son cœur
L'habit d'orgueil : on pleure chaudement.
Puis, comme ayant fermé la voie aux larmes,
Chacun s'accuse et contre soi s'alarme :

8

« Là donc où Toi, Seigneur, Tu as laissé
Le sol baigné de mille rus sanglants,
Or je ne puis, dans l'affreux souvenir,
Verser deux vives fonts de pleurs amers ?
Mon cœur glacé, que ne t'égouttes-tu
Par mes deux yeux, fondu, changé en larmes ?
Que ne te brises-tu, ô mon dur cœur ?
Si tu ne pleures là d'éternels pleurs !

[...]

55

Jérusalem est sise sur deux cols
D'inégale hauteur, et affrontés.
Entre les deux s'insère une vallée
Qui la divise ainsi que les deux monts.
De trois côtés, l'accès est difficile;
Sans s'en apercevoir, on grimpe l'autre;
Mais la plaine qui court devers Borée
Par de hautes muraill' est protégée.

56

La ville en son enceinte a des citernes
Pour l'eau de pluie, des lacs, des sources vives;
Mais la terre à l'entour est privée d'herbe,
Dépourvue de ruisseaux et de fontaines.
Et l'on n'y voit fleurir, heureux et fier,
Nul arbre qui fasse ombre aux rais d'été,
Sauf, à plus de six mill', un bois ombreux
Qui s'élève effrayant et ténébreux.

57

La ville a, du côté où naît le jour,
Du bienheureux Jourdain les nobles ondes;
Du côté du couchant, les sablonneux
Bords de la mer méditerranéenne.
Se trouve au nord Béthel, où le Veau d'or
Eut son autel, et puis la Samarie;
Vers l'Auster, Bethléem qui, dans son sein,
Dissimula l'Accouchement divin.

Jérusalem libérée,
traduit par Michel Orcel,

ADONIS

Le voile de Jérusalem

Je ne vois pas Jérusalem
Mais en son nom
au nom de ses murs
de ses prophéties
et des langues qui s'y entre-tuent

Je vois des hommes divaguant ivres
De leurs décombres du sang qui coule
Fleuves de manne et de miel;
Dans les mappemondes de leurs rêves
Ils écrivent leur chronique
Dans des ruines que hantent
Des spectres confus.

Je ne vois pas Jérusalem
Mais j'interroge ses pères,
Ses enfants et tous ses descendants :
Comment donner à la Terre
Ce que le Ciel a pris ?
Comment bâtir les cités de la poésie

Poète libanais, né à Qassabine, en Syrie, en 1930, et vivant à Paris.

Et de l'amour sans délivrer Jérusalem
De son illusion, de la poussière céleste
Et des rets des dieux ?

Le voile de Jérusalem,
traduit de l'arabe par Abdelwahab Meddeb,
in revue *Dédale,* « Multiple Jérusalem », 1996,

TOUCHER LES LIEUX SACRÉS

LA BIBLE, CHRONIQUES 28/11-19

Le Premier Temple

David donna à son fils Salomon le modèle du vestibule, des bâtiments, des magasins des chambres hautes ; des pièces de fond à l'intérieur, de la salle du propitiatoire ; il lui donna aussi la conception de tout ce qu'il concevait concernant les parvis du Temple de Yahvé, les pièces du pourtour, les trésors du Temple de Dieu et les saintes réserves, les classes de prêtres et de lévites, toutes les charges du service du Temple de Yahvé, tout le mobilier pour le service du Temple de Yahvé, l'or en lingots, l'or destiné à chacun des objets de tel ou tel service, l'argent en lingots destiné à tous les objets d'argent, pour chacun des objets de tel ou tel service, les lingots destinés aux chandeliers d'or et à leurs lampes, l'or en lingots destiné à chaque chandelier et à ses lampes, les lingots destinés aux chandeliers d'argent, pour le chandelier et ses lampes suivant l'usage de chaque chandelier, l'or en lingots destiné aux tables des rangées de pain, pour chacune des tables, l'argent destiné aux tables d'argent, les fourchettes, les coupes d'aspersion, les aiguières en or pur, les lingots d'or pour les coupes, pour chacune des coupes, les lingots d'argent pour les coupes, pour chacune des coupes, les lingots d'or épuré destinés à l'autel des parfums. Il lui donna le modèle du char divin, des chérubins d'or aux ailes déployées couvrant l'arche de l'alliance de Yahvé, l'ensemble selon ce que Yahvé avait écrit de sa main pour faire comprendre tout le travail dont il donnait le modèle...

Le Temple est le haut lieu de la ville de Jérusalem, fondée en l'an 1000 av. J.-C. par le roi David. Il fut érigé par Salomon, son fils, pour y abriter l'Arche de l'alliance et les Tables de la Loi. À la mort de Salomon, les tribus du Nord se rebellèrent et le royaume fut divisé en deux : celui de Juda au sud avec Jérusalem comme capitale, celui d'Israël au nord. Trois siècles plus tard, le royaume du Nord fut détruit par les Assyriens, celui du Sud résista jusqu'en 587 av. J.-C., lorsque Nabuchodonosor prit Jérusalem. Le Temple fut détruit. Les juifs partirent pour Babylone, marquant la naissance de leur diaspora.

YA'QUBI

Bayt el-Maqdis

Une évocation du temple de Salomon, tel que l'historien et géographe arabe du VIII*e siècle en raconte la légende : avec ferveur.*

Et Salomon commença à faire construire Bayt al-Maqdis en disant : « Dieu ordonna à mon père David de bâtir une Maison. Mais David fut absorbé par les guerres. Alors Dieu lui révéla : Ton fils Salomon construira la Maison en mon nom. » Salomon envoya faire importer le bois de pin et de sapin. Puis il fit édifier Bayt al-Maqdis avec des pierres, le consolida, le revêtit de bois à l'intérieur, fit sculpter le bois et y érigea un autel doré et doté d'instruments en or. Puis il fit monter l'arche d'alliance et la fit placer dans le Temple. Dans cette arche, il y avait les deux tables que Moïse y avait mises. Après avoir placé l'arche d'alliance, Salomon se tint devant le Temple, en présence des foules des fils d'Israël rassemblés là, glorifia Dieu, l'exalta et le loua pour ses bienfaits, pour l'avoir fait régner sur les fils d'Israël et pour l'avoir choisi comme exécuteur de la construction de Bayt al-Maqdis. Devant les fils d'Israël réunis près de lui, il disait : « Béni soit le Seigneur qui octroya la tranquillité à Israël; ses paroles saintes dites à son serviteur Moïse ont été toutes accomplies sans qu'il en fût rien négligé. Nous demandons à Dieu notre Seigneur d'être avec nous comme il le fut avec nos pères, de ne pas nous repousser ni nous abaisser, mais de ramener nos cœurs à lui, afin que nous marchions dans la voie qui lui plaît, que nous gardions ses lois et ses pactes, ses commandements et ses ordres qu'il avait donnés à nos pères, de rendre notre parole proche de lui et agréable à ses yeux, et nos cœurs consacrés à lui sans réserve et disposés à observer ses commandements. »

Après avoir fini la construction de Bayt al-Maqdis, Salomon fit célébrer une fête où il fit immoler des sacrifices. Il en fit de même pendant quatorze jours. Après avoir donné à manger aux fils d'Israël réunis autour de lui, il se leva et se mit à sanctifier Dieu et à l'exalter.

Histoire, I, 62
in revue *Dédale*, « Multiple Jérusalem », 1996.

RABBI JACOB

Le mont du Temple

Lorsque les Perses reconquièrent le royaume de Babylone, Cyrus autorise les Juifs à revenir en Judée. Qui tentent alors de reconstruire le Temple et le firent en 19-20 av. J.-C., sous l'impulsion du roi Hérode, le grand vassal de Rome. Moins d'un siècle plus tard, en 70 de notre ère, il est incendié par Titus. Un mur subsiste, seul vestige du Temple. C'est ce mur et l'absence qu'il incarne – celle du Temple – que vient adorer en 1238 le pèlerin et voyageur juif Rabbi Jacob, envoyé de Rabbi Jechiel de Paris. Sur le mont des Oliviers, voisin du mont du Temple, il déchire ses vêtements en signe de crainte et de respect ; il vient d'apercevoir le kotel, *le mur occidental du Temple. Il touche au cœur de son pèlerinage.*

Lorsque nous atteignons Zophim, nous voyons Jérusalem et nous déchirons une première fois nos vêtements. Quand nous atteignons Jérusalem, nous ad- mirons le mont du Temple et le mur de la cour des Femmes et la cour d'Israël et le site de l'Autel et le parvis du Temple et le Sanctuaire. Alors nous déchirons nos vêtements une seconde fois en signe de respect pour le Temple. De Jérusalem nous descendons vers Siloé dont les eaux souterraines jaillissent du mont Temple pour arriver jusqu'ici. Nous rejoignons les jardins de la ville où nous nous baignons. Les eaux de Siloé, paraît-il, ont le pouvoir de guérir les malades ; c'est pour cela que les musulmans s'y baignent. De là, nous gravissons le mont des Oliviers et certains passent par la vallée de Josaphat où se trouve le cimetière juif. Nous longeons la vallée jusqu'à la terrasse sur laquelle la vache rousse fut sacrifiée. Nous poursuivons notre ascension jusqu'à l'autre terrasse qui fait face à la porte du Temple. De là, nous voyons le mont du Temple et tous ses édifices et nous nous mettons à prier.

La vallée de Josaphat encercle l'est et le sud du mont du Temple. Au sud se trouve le cimetière que nous avons déjà évoqué, dans lequel beaucoup d'hommes et de femmes vertueux sont enterrés. Nous descendons dans la vallée et passons entre deux collines : cet endroit est appelé vallée de ben Hinnom et là, dans la vallée de Josaphat, reposent les restes d'Absalom. Son tombeau est un grand et très bel édifice carré, entouré de colonnes, chacune taillée dans un seul bloc de pierre. Dans la vallée de Josaphat, au pied de la colline, près de la piscine de Siloé, il reste des ruines de ce qui fut, dit-on, une église chrétienne. Le mont Sion domine la piscine de Siloé. C'est ici que se trouvent les tombeaux des rois et le Sanctuaire de David, orienté vers le Temple. Des bougies y sont allumées en permanence en honneur de ce lieu sacré. Il a été construit par David et l'arche y fut déposée et gardée par David en attendant que le Temple soit érigé. Près de là, il y a la tour de David. Elle fut construite avec d'énormes pierres très anciennes. Elle se situe maintenant à l'intérieur de Jérusalem. Le mur de l'Esplanade du Temple est carré et mesure 360 coudées de long et 60 de haut. Peut-être la différence de 60 coudées entre aujourd'hui et autrefois est-elle due aux pierres qui ont été soustraites à l'ancien édifice. La structure et les angles sont taillés dans de très gros blocs de pierre dont certains mesurent 30 empans de long et 6 de large. Ces pierres auraient appartenu à Ezra. Autour de l'Eben Shethiah, les rois ismaéliens ont érigé une très belle mosquée, couronnée par un dôme délicat. Cet édifice est sur le site du Saint des Saints et du Sanctuaire. Devant la mosquée, en direction de l'autel, on peut voir une structure composée de colonnes sur laquelle trône le dôme.

Traduit de l'anglais par Sylvie Fontaine,
in revue *Dédale*, « Multiple Jérusalem », 1996.

Le mont des Oliviers et ses cimetières : la tradition juive veut que, le jour du Jugement dernier, les premiers morts appelés à comparaître devant le maître de l'univers seront ceux-là enterrés sur le mont des Oliviers. S'y trouvent aussi la tombe de la Vierge et le jardin de Gethsémani, planté d'oliviers, où Jésus vécut ses derniers moments avant son arrestation, et la basilique qui y fut construite en commémoration. Plus loin, l'église-mosquée de l'Ascension, église bâtie au IVe siècle autour du rocher où la tradition chrétienne situe la montée du Christ aux cieux et qui fut convertie en mosquée au XIIe siècle.
La vallée de Josaphat, ou vallée du Cédron, abrite la tombe d'Absalon, le fils de David, et celle du prophète Zacharie.
Sur le mont Sion, à l'extérieur des remparts de la vieille ville construite par Saladin, se trouvent le cénotaphe du roi David, l'église Saint-Pierre-en-Gallicante – sur le lieu où l'apôtre Pierre renia trois fois Jésus – et l'abbaye de la Dormition.
Sur le mont du Temple, enfin, on trouve le mur des Lamentations et l'esplanade du Temple – El Haram El-chérif, le

« noble sanctuaire » – où s'élèvent le dôme du Rocher, la mosquée d'Omar au dôme doré et la mosquée El Aksa à la coupole d'argent. C'est aujourd'hui un lieu de guerre où le verbe sacré dispute à l'archéologie et à l'histoire contemporaine la prérogative coupable de justifier le meurtre et de le rendre légitime.

YA'QUBI

La tradition des trois mosquées

Selon la tradition musulmane, le dôme du Rocher, érigé en 636 par le conquérant arabe de Jérusalem Omar Ibn-El-Khattab, le deuxième calife de l'islam, est le troisième haut lieu des musulmans. C'est sur ce rocher, autour duquel a été construite la mosquée, qu'Abraham aurait accepté de sacrifier son fils Isaac; c'est aussi le lieu d'où le prophète Mohammed, chevauchant sa jument Buraq, se serait envolé pour un voyage céleste et nocturne. La terre, pour le suivre, se serait soulevée...

Abd al-Malik interdit le pèlerinage aux habitants de la Syrie. C'est qu'Ibn Zubayr les forçait, quand ils faisaient ce pèlerinage, à lui promettre obédience. Voyant cela, Abd al-Malik les empêcha de partir pour La Mecque. Les gens firent du vacarme disant : « Comment, vous nous empêchez de faire le pèlerinage à la Maison sacrée de Dieu, tout en sachant que cela nous est une stricte obligation ? – Voici, répondit-il, Ibn Shihâb az-Zahri qui vous rapporte avoir entendu le Message de Dieu dire : On ne se rend en pèlerinage qu'à trois mosquées, la Mosquée sacrée (La Mecque), ma mosquée à moi (Médine) et à Bay al-Maqdis (Jérusalem). Cette dernière vous tiendra lieu de Mosquée sacrée. Ce Roc sur lequel, rapporte-t-on, le Messager de Dieu posa son pied lors de son ascension au ciel remplacera pour vous la Ka'ba. » Il fit donc élever au-dessus une coupole, y fit attacher des rideaux de soie, et y assigna des desservants. Il ordonna au peuple de faire la tournée rituelle autour de ce Roc, comme on la fait autour de la Ka'ba. Cela dura ainsi sous la dynastie des Omeyyades.

Histoire, II, 311
traduit de l'arabe par A.S. Marmadji
(École biblique de Jérusalem),
in *Textes géographiques arabes sur la Palestine*

IBN BATTUTA

Le dôme du Rocher

L'année 1325 où le grand voyageur arabe Ibn Battuta a entrepris le périple qui le mènera de Fès, sa ville natale, jusqu'en Arabie, Asie Mineure, Ukraine, Kazakhstan, Khorasan, Inde, îles Maldives, Chine, Espagne, Sahara, Soudan, le trouve aux portes de Jérusalem. Chez lui, pas de grandes envolées mystiques mais une piété mesurée et ce devoir qu'il s'est toujours fait de rendre compte avec minutie et sobriété des choses vues. Ici, le dôme du Rocher, dont la beauté l'émerveille.

Puis je partis pour al-Quds [Jérusalem]. En route, je visitai le tombeau de Jonas près duquel s'élèvent un édifice imposant et une mosquée. Je visitai aussi Bethléem, lieu de naissance de Jésus, où l'on voit le vestige d'un tronc de palmier près duquel vivent de nombreux chrétiens qui éprouvent une grande vénération pour cet endroit; ils offrent l'hospitalité à qui s'arrête là.

Nous arrivâmes donc à Jérusalem – que Dieu l'honore! – troisième sanctuaire après La Mekke et Médine par ordre de mérite; lieu d'où l'Envoyé d'Allah a accompli son ascension vers le ciel. Jérusalem est une grande ville située sur une hauteur et construite en pierres de taille. Le souverain pieux et vertueux Saladin Ibn Ayyûb – que Dieu le récompense pour le bien qu'il a fait à l'Islam! – lorsqu'il eut conquis la ville, fit démolir une partie de son rempart, puis al-Malik az-Zâhir [Baybars] le fit totalement mettre à bas de crainte que les Francs ne reviennent s'y fortifier. Autrefois, il n'y avait pas de canal dans Jérusalem; c'est l'émir Sayf ad-dîn Tankîz, gouverneur de Damas, qui a fait installer à notre époque une adduction d'eau.

La Mosquée sainte de Jérusalem fait partie des mosquées merveilleusement belles et d'une splendeur extrême. On dit qu'il n'y a pas de mosquée plus vaste que celle-là, sur toute la surface de la terre. Sa longueur, de l'est à l'ouest, est de sept cent cinquante-deux coudées royales, sa largeur, du sud au nord, de quatre cent trente-cinq. Elle possède de nombreuses portes sur trois côtés. Quant à la face sud, je ne lui connais qu'une seule porte par laquelle pénètre l'Émir. Le sanctuaire est une vaste esplanade, non couverte; seule la mosquée al-Aqsâ a un toit très bien ouvragé, de facture parfaite, recouvert d'or et de couleurs agréables. Il y a aussi sur l'esplanade des édifices couverts autres que la mosquée elle-même.

Le dôme du Rocher est un des monuments les plus merveilleux, les plus parfaits et les plus curieux quant à la forme. Il a reçu en partage bien des attraits et son lot de splendeurs. Il se dresse sur une hauteur, au milieu de l'esplanade; on y accède au moyen de marches en marbre. L'édifice est pourvu de quatre portes. Le pourtour extérieur et intérieur est pavé de marbre bien travaillé. Tant au-dedans qu'au-dehors, on peut voir des ornements et un travail si beau qu'on est impuissant à le décrire. La plupart de ces décorations sont recouvertes d'or si bien que le dôme chatoie et brille comme l'éclair. Celui qui contemple les charmes de cette mosquée reste stupéfait et qui la voit est incapable de la décrire. Au milieu de la mosquée se trouve le noble rocher qui est mentionné dans les Traditions. Le Prophète est monté au ciel à partir de là. Ce rocher est une pierre dure, d'une hauteur d'une brasse environ. Au-dessous du rocher se trouve une grotte de la taille d'une petite pièce, dont la hauteur est d'une brasse environ, à laquelle on accède par un escalier et dans laquelle on voit l'esquisse d'un mihrab. Sur le rocher, se trouvent deux grilles bien ouvragées qui en interdisent l'accès : l'une d'entre elles, celle qui touche le rocher, est en fer et l'autre en bois. Dans le dôme est suspendu un grand bouclier en fer qu'on prétend être celui de Hamza 'Abd al-Mutallib.

Traduit par Paule Charles-Dominique,
in *Voyageurs arabes*,
« Bibliothèque de la Pléiade », © Éditions Gallimard, 1995.

Le dôme du Rocher, en arabe Qoubbat-el-Sakkra, construit sur une plate-forme surélevée au-dessus du mont Moriah, reste un haut lieu de pèlerinage pour les musulmans. En son centre, le fameux rocher d'Abraham, puis de Mohammed, qui indique le centre du monde dans la géographie classique arabe. Sous le rocher se trouve la grotte des Âmes, dont la tradition musulmane rapporte que l'âme des morts vient s'y attarder avant de disparaître.

PIERRE LOTI

La Via Dolorosa

Au printemps 1894, Pierre Loti est en Palestine. Il y passe de longues semaines d'un « décevant pèlerinage ». Pourtant, à Jérusalem, en remontant le chemin de croix de Jésus, il croise une « horde de pèlerins du Caucase », éperdus, suppliants et défaits. Il est emporté par leur vertige mystique, et il leur en est reconnaissant.

Cette Voie, telle qu'on la vénère de nos jours, reconnue depuis le XVIe siècle seulement, est fictive dans ses détails, – mais réelle sans doute dans sa direction et ses grandes lignes ; ici surtout, en ce quartier de ruines qui entoure le palais de Pilate, les choses ont moins dû changer que plus loin, aux abords du Calvaire ; l'ancien pavé romain se retrouverait, à quelques pieds au-dessous du sol exhaussé d'aujourd'hui, et certains de ces vieux murs, plus enterrés qu'ils ne l'étaient jadis, mais demeurés debout aux mêmes places, ont peut-être vu passer le Christ chargé de sa croix.

La Voie est déserte, ce soir, et déjà obscure dans son resserrement profond avec un peu de mourante lumière d'or, tout en haut, sur le faîte de ses pierres rougeâtres ; le soleil doit être très bas, près de s'éteindre. On entend un bruit d'orgues et de chants religieux sortir encore de la chapelle des Pères de Sainte-Anne, qui viennent de fermer leur porte.

Elle monte, la rue, pénible, étroite et assombrie, entre ses deux rangées de murailles antiques; par places, de grands arceaux; des fragments de voûte la traversent, l'enjambent irrégulièrement, y jetant plus d'ombre. Ses parois, hautes de trente pieds, sont bâties de larges pierres, romaines ou sarrasines, d'une même couleur un peu sanglante, avec çà et là, dans leur délabrement, des plantes accrochées; de distance en distance, des contreforts énormes, tout rongés, les soutiennent.

D'autres rues croisent celle-ci, aussi vides et aussi mortes, sans fenêtres, sans ouvertures d'aucune espèce, voûtées presque entièrement de lourds arceaux, en plein cintre ou en ogive, et s'en allant se perdre au loin dans une mystérieuse obscurité de nécropole. À peine quelques fantômes s'aperçoivent, rares et furtifs, au fond de ces couloirs : femmes voilées ou Bédouins drapés de manteaux grisâtres.

Hic flagellavit..., dit une plaque de marbre blanc, incrustée au-dessus d'une porte. Ah! c'est la chapelle de la flagellation du Christ, et bientôt le commencement de la Voie Douloureuse. Voici la caserne turque, bâtie sur l'emplacement du palais de Pilate, première station du Chemin de la Croix. À partir d'ici jusqu'au Saint-Sépulcre, toutes les stations suivantes me seront marquées par des inscriptions ou des colonnes.

Plus confuse, à mesure que je m'éloigne, la musique des Pères de Sainte-Anne est près de se perdre à présent dans le lointain, malgré l'immense recueillement silencieux qui s'épand sur Jérusalem avec le crépuscule.

Mais voici que d'autres chants s'élèvent, d'autres cantiques, d'autres sons d'orgue; je passe devant un autre couvent, sous l'arc romain de l'*Ecce Homo* (*saint*

Jean, XIX, 5), et ce sont les Filles de Sion qui psalmodient derrière ces murs, à la gloire du Sauveur.

La Voie Douloureuse continue sa montée lugubre et solitaire, avec de temps en temps des brisures, des tournants brusques entre ses maisons mornes. Les derniers reflets d'or viennent de s'effacer aux pointes des plus hautes pierres et le chant des Filles de Sion commence à s'évanouir ; mais, au-dessus de ces murailles qui m'emprisonnent, un coin plus élevé de Jérusalem se profile maintenant en gris d'ombre sur le ciel chaud : un amas de petites coupoles centenaires, avec deux minarets couronnés déjà, en l'honneur du ramadan, de leurs feux nocturnes.

Les cantiques des Filles de Sion ne s'entendent plus ; mais d'autres cris religieux, exaltés et stridents, partent ensemble de différents points de la ville, traversant l'air comme de longues fusées : les muezzins, qui chantent le Moghreb !... Oh ! Jérusalem, sainte pour les chrétiens, sainte pour les musulmans, sainte pour les juifs, d'où s'exhale un bruit incessant de lamentations ou de prières !...

La Voie monte toujours. Parfois, des maisons sarrasines la traversent, comme des ponts sinistres jetés au-dessus, – des maisons qui y regardent de haut, par de méfiantes petites fenêtres bardées et grillées de fer. Les muezzins ont fini d'appeler ; le crépuscule et le silence jettent leur enchantement sur cette Voie Douloureuse, que j'avais vue hier banale et décevante au soleil du plein jour ; le mystère des pénombres la transfigure ; son nom seul, que je redis en moi-même, est une sainte musique ; le Grand Souvenir semble chanter partout dans les pierres...

Lentement, je suis arrivé à la septième station du Chemin de la Croix, – à cette porte Judiciaire par laquelle le Christ serait sorti de Jérusalem pour monter au Golgotha. Alors, il me faut traverser un lieu bruyant et obscur, encombré d'Arabes et de chameaux, dans lequel, sans transition, je pénètre après le calme, après la solitude de la ville plus basse ; c'est le « Bazar de l'huile », un quartier de petites ruelles entièrement voûtées en plein cintre par les soins des Croisés et devenues aujourd'hui le centre d'un continuel grouillement bédouin. Il y fait noir ; les lanternes sont allumées dans les échoppes où se vendent l'huile et les céréales ; on est bousculé dans les couloirs étroits par les passants en burnous, on est étourdi par les cris des vendeurs et les clochettes des chameaux.

Puis le calme revient encore, au sortir de ce bazar couvert, et les chants religieux recommencent. Je suis parvenu au terme de la Voie Douloureuse : le Saint-Sépulcre ! Comme toujours, la porte des basiliques est grande ouverte et il s'en échappe un bruit de psalmodies.

Ce soir, ce sont les Arméniens, en cagoule de deuil, qui chantent tout près de l'entrée, encensant la « pierre de l'onction » et se prosternant pour la baiser ; l'un d'eux, le principal officiant, est en robe d'or, coiffé d'une tiare rouge.

Ils ont fini, et ils s'éloignent rituellement, dans le dédale obscur des églises, très vite toujours, comme pressés d'aller adorer ailleurs, dans une autre partie de ce lieu de toutes les adorations, où les moindres pierres sont journellement encensées et embrassées avec larmes.

Leur chant une fois perdu dans le lointain des voûtes, voici un autre bruit qui s'approche, qui monte des profondeurs noires, puissant et lourd comme celui d'une foule en marche, d'une foule qui s'avancerait en murmurant des prières à voix basse dans des sonorités de caveau... C'est une horde de pèlerins du Caucase, que j'ai vus entrer ce matin dans Jérusalem ; ils reviennent des chapelles souterraines et ils vont sortir d'ici, leur journée finie. En arrivant au kiosque du Sépulcre, ils en font le tour, embrassant chaque pierre, soulevant dans leurs mains des petits enfants pour qu'ils puissent embrasser, aussi, et leurs yeux, à travers des larmes, sont tous levés, en prière extasiée, vers le ciel...

Est-il possible vraiment que tant de supplications – même enfantines, même idolâtres, entachées, si l'on veut, de grossièreté naïve – ne soient entendues de personne ?... Un Dieu, ou seulement une suprême Raison de ce qui est – ayant laissé naître, pour tout de suite les replonger au néant, des créatures ainsi angoissées de souffrance, ainsi assoiffées d'éternité et de revoir ! Non, jamais la cruauté stupide de cela ne m'était encore apparue aussi inadmissible que ce soir, et voici que ce raisonnement tout simple, vieux comme la philosophie et que j'avais jugé vide comme elle, prend dans ce lieu, devant ces grandes manifestations de détresse humaine au Saint-Sépulcre, un semblant de force ; voici qu'il réveille au fond de moi-même, d'une façon inattendue et douce, les vieux espoirs morts !... Et je bénis fraternellement, pour ce peu de bien qu'ils m'ont fait, les humbles qui passent là devant moi, chuchotant dans les ténèbres leurs confiantes prières...

Le mirage oriental

Loti a parcouru les sept premières stations du Christ. Il s'est arrêté à la septième, celle où Jésus est tombé pour la deuxième fois. Pour atteindre la croix, il en reste deux à gravir ; et cinq encore jusqu'à la mise au tombeau. La vénération du chemin de croix date du Moyen Âge. Son départ a été fixé au XIIIe siècle sur le lieu où siégea Ponce Pilate et s'achève, au-delà des remparts de la vieille ville, sur le Golgotha, où avaient lieu les crucifixions et autres exécutions capitales et où s'élève aujourd'hui la basilique du Saint-Sépulcre.
En cette fin du XIXe siècle, le mouvement de la rue, les processions, le chant des églises d'Orient et d'Occident, l'appel du muezzin restent si semblables à ce que l'on y entend et voit aujourd'hui ; en temps de paix.

SAINT JÉRÔME

Les noms de Jérusalem

Cette lettre datant de 392 ou 393, attribuée à saint Jérôme, est adressée à Marcella, une noble de Rome. À cette date, saint Jérôme n'a jamais vu Jérusalem. Il s'y rendra en pèlerinage huit ans plus tard. En quelques lignes, c'est un raccourci fulgurant des deux traditions, juive et chrétienne, sur la ville : d'Adam, qui y aurait vécu et y serait mort, au Christ, qui aurait donc connu le même destin, en passant par Salomon, qui y régna. Il y évoque trois noms de la cité : « Jébus , « Salem », « Jérusalem » qui signifient « foulée », « paix » et « vision de paix », décrivant en trois noms le mouvement circulaire de l'histoire qui en fit la plus honnie et la plus aimée des villes. Trois siècles plus tard, elle s'appellera aussi El Qods, en arabe, ce qui veut dire « la sainte » ou encore « la sacrée ».

C'est dans cette ville, ou plutôt en ce lieu même, tel qu'il était alors, qu'Adam, assure-t-on, aurait habité et serait mort. De là, le lieu où a été crucifié Notre Seigneur s'appelle Calvaire, parce que là même aurait été enterré le crâne de l'Homme ancien. De la sorte, le second Adam, le sang du Christ étant tombé goutte à goutte de la croix, aurait lavé les péchés du premier Adam, du propagateur de la race humaine qui gisait au-dessous ; ainsi se serait accomplie la parole de l'Apôtre : « Réveille-toi, ô toi qui dors, ressuscite des morts, et le Christ t'illuminera. »

Les noms de Jérusalem

Combien cette ville a-t-elle produit de prophètes, combien de saints personnages ? Le recensement en serait long. Notre Mystère tout entier est indigène de cette province-là, de cette ville. En ses trois noms elle manifeste le dogme de la Trinité. On l'appelle Jébus, Salem, Jérusalem. Le premier nom signifie « foulée », le second « paix », le troisième « vision de paix ». C'est peu à peu, en effet, que nous parvenons au but, et après avoir été foulés aux pieds, nous nous érigeons jusqu'à la paix de la vision. De cette paix, Salomon – c'est-à-dire « le pacifique » – est né : « Et sa place en est devenue apaisée » ; figure du Christ, à cause de l'étymologie de la ville, il a reçu le nom de « Seigneur des dominateurs » et « Roi des régnants ». Qu'est-il besoin que nous rappelions David et toute sa lignée qui régna dans cette cité ? Autant la Judée est plus élevée que les autres provinces, autant cette ville l'est plus que la Judée. Bref, pour préciser davantage notre exposé, la gloire de la province tout entière est revendiquée pour la métropole; tout ce qui est louable dans les membres est rapporté en totalité au corps.

Lettre XLVI, 3 in *Lettres*, tome II,
texte établi et traduit par J. Labourt,

ERNEST RENAN

Colère

Renan visite Jérusalem en mai 1861 ; deux ans plus tard, paraît sa Vie de Jésus, *qui fait scandale par la mise en question de la divinité du Christ, cet « homme remarquable », comme il l'appelle. Dans ce texte, où il est question de la ville et de son temple, on retrouve la singularité de son ton, la liberté de la pensée et de l'écriture, cette façon rare et précieuse de pourfendre le pharisianisme, la pompe et l'arrogance religieuses, le mercantilisme, l'ostracisme d'autrefois comme celui de son temps. Et comme celui du nôtre.*

Jérusalem était alors à peu près ce qu'elle est aujourd'hui, une ville de pédantisme et d'acrimonie, de disputes et de haine, de petitesse d'esprit. Le fanatisme y était extrême ; les séditions religieuses renaissaient tous les jours. Les pharisiens dominaient ; l'étude de la loi, poussée aux plus insignifiantes minuties, réduites à des questions de casuiste, était l'unique étude. Cette culture exclusivement théologique et canonique ne contribuait en rien à polir les esprits. C'était quelque chose d'analogue à la doctrine stérile du *faquih* musulman, à cette science creuse qui s'agite autour d'une mosquée, grande dépense de temps et de dialectique faite en pure perte et sans que la bonne discipline de l'esprit en profite. L'éducation théologique du clergé moderne, quoique très sèche, ne peut donner aucune idée de cela; car la Renaissance a introduit dans tous nos enseignements, même les plus rebelles, une part de belles-lettres et de bonnes méthodes, qui fait que la scolastique a pris plus ou moins une teinte d'humanités. La science du docteur juif, du *sofer* ou du scribe, était purement barbare, absurde sans compensation, dénuée de tout élément moral. Pour comble de malheur, elle remplissait celui qui s'était fatigué à l'acquérir d'un ridicule orgueil. Fier du prétendu savoir qui lui avait coûté tant de peine, le scribe juif avait pour la culture grecque le même dédain que le savant musulman a de nos jours pour la civilisation européenne, et que le théologien catholique de la vieille école a pour le savoir des gens du monde. Le propre de ces cultures scolastiques est de fermer l'esprit à tout ce qui est délicat, de ne laisser d'estime que pour les difficiles enfantillages où l'on a usé sa vie et qu'on envisage comme l'occupation naturelle des personnes faisant profession de gravité. [...]

La profonde sécheresse de la nature aux environs de Jérusalem devait ajouter au déplaisir de Jésus. Les vallées y sont sans eau; le sol est aride et pierreux. Quand l'œil plonge dans la dépression de la mer Morte, la vue a quelque chose de saisissant : ailleurs, elle est monotone. Seule la colline de Mizpa, avec ses souvenirs de la plus vieille histoire d'Israël, soutient le regard. La ville présentait, du temps de Jésus, à peu près la même assise qu'aujourd'hui. Elle n'avait guère de monuments anciens, car, jusqu'aux Asmonéens, les Juifs étaient restés presque étrangers à tous les arts; Jean Hyrcan avait commencé à l'embellir, et Hérode le Grand en avait fait une ville magnifique. Les constructions hérodiennes le disputent aux plus achevées de l'Antiquité par leur caractère grandiose, par la perfection de l'exécution et la beauté des matériaux. Une foule de tombeaux, d'un goût original, s'élevaient vers le même temps aux environs de Jérusalem. Le style de ces monuments était le style grec, approprié aux usages des Juifs, et considérablement modifié selon leurs principes. Les ornements de sculpture vivante, que les Hérodes se permettaient, au grand mécontentement des rigoristes, en étaient bannis; on les remplaçait par une décoration végétale. Le goût des anciens habitants de la Phénicie et de la Palestine pour les constructions monolithes taillées sur la roche vive semblait revivre en ces singuliers tombeaux découpés dans le rocher, et où les ordres grecs sont si bizarrement appliqués à une architecture de troglodytes. Jésus, qui envisageait les ouvrages d'art comme un pompeux étalage de vanité, voyait tous ces monuments de mauvais œil. Son spiritualisme absolu et son opinion arrêtée que la figure du vieux monde allait passer ne lui laissaient de goût que pour les choses du cœur.

Le temple, à l'époque de Jésus, était tout neuf, et les ouvrages extérieurs n'en étaient pas complètement terminés. Hérode en avait fait commencer la reconstruction l'an 20 ou 21 avant l'ère chrétienne, pour le mettre à l'unisson de ses autres édifices. Le vaisseau du temple fut achevé en dix-huit mois, les portiques en huit ans; mais les parties accessoires se continuèrent lentement et ne furent terminées que peu de temps avant la prise de Jérusalem. Jésus y vit probablement travailler, non sans quelque humeur secrète. Ces espérances d'un long avenir étaient comme une insulte à son prochain avènement. Plus clairvoyant que les incrédules et les fanatiques, il devinait que ces superbes constructions étaient appelées à une courte durée. [...]

C'est là que Jésus passait ses journées, durant le temps qu'il restait à Jérusalem. L'époque des fêtes amenait dans cette ville une affluence extraordinaire. Réunis en chambrées de dix et vingt personnes, les pèlerins envahissaient tout et vivaient dans cet entassement désordonné où se plaît l'Orient. Jésus se perdait au milieu de la foule, et ses pauvres Galiléens groupés autour de lui faisaient peu d'effet. Il sentait probablement qu'il était ici dans un monde hostile et qui ne l'accueillerait qu'avec dédain. Tout ce qu'il voyait l'indisposait. Le temple, comme en général les lieux de dévotion très fréquentés, offrait un aspect peu édifiant. Le service du culte entraînait une foule de détails assez repoussants, surtout des opérations mercantiles, par suite desquelles de vraies boutiques s'étaient établies dans l'enceinte sacrée. On y vendait des bêtes pour les sacrifices; il s'y trouvait des tables pour l'échange de la monnaie; par moments, on se serait cru dans un marché. Les bas officiers du temple remplissaient sans doute leurs fonctions avec la vulgarité irréligieuse des sacristains de tous les temps. Cet air profane et distrait dans le maniement des choses saintes blessait le sentiment religieux de Jésus, parfois porté jusqu'au scrupule. Il disait qu'on avait fait de la maison de prière une caverne de voleurs. Un jour même, dit-on, la colère l'emporta; il frappa à coups de fouet ces ignobles vendeurs et renversa leurs tables. En général, il aimait peu le temple. Le culte qu'il avait conçu pour son Père n'avait rien à faire avec des scènes de boucherie. Toutes ces vieilles institutions juives lui déplaisaient, et il souffrait d'être obligé de s'y conformer. Aussi le temple ou son emplacement n'inspirèrent-ils de sentiments pieux, dans le sein du christianisme, qu'aux chrétiens judaïsants. Les vrais hommes nouveaux eurent en aversion cet antique lieu sacré. Constantin et les premiers empereurs chrétiens y laissèrent subsister les constructions païennes d'Adrien. Ce furent les ennemis du christianisme, comme Julien, qui pensèrent à cet endroit. Quand Omar entra dans Jérusalem, l'emplacement du temple était à dessein pollué en haine des juifs. Ce fut l'islam, c'est-à-dire une sorte de résurrection du judaïsme en ce que le judaïsme avait de plus sémitique, qui lui rendit ses honneurs. Ce lieu a toujours été antichrétien.

Vie de Jésus

Gloires 137
Le psaume des exilés juifs de Babylone

Sur les fleuves de Babylone où dans nos chaînes ou dans nos larmes
Nous nous souvenions de Sion

Sur les saules de là-bas
Nous avions mis nos cithares

Car ils cherchaient de nous nos gardes-chiourmes des paroles de chants et nos
Oppresseurs de la joie
Chantez pour nous d'un chant de Sion

Comment chanterons-nous le chant d'Adonaï
Sur la terre de l'étranger

Si je t'oublie Jérusalem que ma main droite oublie

Que ma langue colle dans ma bouche si je n'ai pas ton souvenir en moi si je ne porte pas Jérusalem
Sur le sommet de ma joie

Souviens-toi Adonaï des fils d'Edom le jour de Jérusalem qui disent
À nu à nu

Toucher les lieux sacrés

Jusque au fond en elle

La fille de Babylone est la déchirée bonheur à qui achèvera pour toi
De te payer ce que tu nous as payé

Bonheur à qui empoigne et éclate tes petits contre le roc.

MAHMOUD DARWICH

Psaume CLI

Jérusalem ! loin de mes lèvres…
Plus près les distances.
Entre nous, deux boulevards et le dos d'un dieu.
Je suis en toi astre.
En toi je suis. Béni soit mon corps meurtri.
Le lointain tombe dans la nuit de Babel.
Mon appartenance à la verte mort – un droit,
les pleurs des fenêtres – un droit.
La voix de ma liberté, bruit des chaînes,
ma croix, dans la guerre.

Jérusalem ! dont j'ai essoré les noms
dans mon sang…
Trahi par les langues qui m'avaient trahi,
Je ne te nommerai plus.
Je fonds, plus près les distances.
Le chef des chantres, une arme pour me tuer,
dans le temps de la nostalgie,
les fifres, des pierres pour me lapider.

Mahmoud Darwich, le poète national palestinien, est né à Berwa, en 1942, exilé au Liban, en Tunisie puis à Paris. Il a choisi, quand cela lui fut permis, de retourner en Palestine : à Ramallah, non loin de Jérusalem. Le psaume CLI fait écho au psaume biblique (Gloires 137). Poème d'un autre exil.

Toucher les lieux sacrés

On répéta mon exécution
près de l'orangeraie...

Jérusalem ! en forme d'olivier saignant...
Ma peau, un soulier chaussé
par les légendes et les prophètes,
mon Babel, toi. Béni soit le voisin de la nuit future.
Je suis en toi plus près
des pleurs des fenêtres. Béni soit
le chef des chantres dans la nuit passée.
Le chef des chantres fut. Mon corps est.

Je suis en toi astre.
Le lointain tombe dans la nuit de Babel
Ma croix, dans la guerre...

Alléluia
Alléluia

Psaume CLI,
traduit de l'arabe par Abdelwahab Meddeb,
in revue *Dédale,* « Multiple Jérusalem », 1996,

LA BIBLE : LE NOUVEAU TESTAMENT

L'évangile selon saint Matthieu

XXIII, 37-39; XXIV, 1-2

Jérusalem, Jérusalem, toi qui tues les prophètes et lapides ceux qui te sont envoyés, combien de fois ai-je voulu rassembler tes enfants à la manière dont une poule rassemble ses poussins sous ses ailes..., et vous n'avez pas voulu !

Voici que votre maison va vous être laissée déserte.

Je vous le dis, en effet, désormais vous ne me verrez plus, jusqu'à ce que vous disiez : Béni soit celui qui vient au nom du Seigneur !

Comme Jésus sortait du Temple et s'en allait, ses disciples s'approchèrent pour lui faire voir les constructions du Temple.

Mais il leur répondit : « Vous voyez tout cela, n'est-ce pas ? En vérité je vous le dis, il ne restera pas ici pierre sur pierre qui ne soit jetée bas. »

MONTER À JÉRUSALEM

MAQDISI

Les attributs de Jérusalem

Voyageur en terre d'islam, le géographe arabe Maqdisi évoque la Jérusalem du Xe siècle, au goût de paradis – pour la clémence de son climat, l'élégance de ses édifices, la bonté des fruits de sa terre et sa vocation spirituelle – et au goût de poison à cause de ceux qui l'habitent, la salissent, y sèment l'injustice, la concupiscence et l'ignorance. Une « cuve d'or remplie de scorpions », écrit-il en citant la Torah.

Il n'y a pas, parmi les chefs-lieux des districts, une ville plus grande. Beaucoup de capitales sont plus petites, tels Istakhr, Qâyin et Farama. Elle ignore le grand froid et il n'y fait pas chaud ; rarement la neige y tombe. Le cadi Abu Qasim, fils du cadi des deux enceintes sacrées (al-Haramayn = La Mecque et Mé-dine), m'interrogea sur la qualité de son air ; je lui répondis : « Il est tempéré, ni chaud, ni très froid. – C'est l'attribut du paradis », dit-il.

Ses constructions sont de pierres sans pareilles. Rien de plus solide que ses édifices, ni de plus pur que ses gens ; point de vie plus agréable, ni de bazars plus propres, ni de mosquées plus vastes, ni de sanctuaires plus nombreux ; ses raisins sont exceptionnels et ses prunes n'en ont pas de semblables. S'y trouvent nombre d'experts et de médecins. Vers elle tend le cœur de tout être éveillé ; chaque jour, des étrangers jamais elle ne désemplit.

Une fois, j'étais à Basra dans le salon du cadi Mokhtar Ibn Yahia Ibn Bahram. La conversation tourna autour de l'Égypte jusqu'à ce qu'on me demandât : « Quelle est la ville la plus vulnérable ? – La nôtre, ai-je répondu. – La plus agréable ? – La nôtre. – La plus apte à l'excellence ? – La nôtre. – La plus grande ? – La nôtre. » L'assistance fut étonnée ; on me dit : « Vous êtes un homme bien formé et pourtant ce que vous prétendez est irrecevable ; vous faites comme l'homme de la chamelle avec Hajjâj. » Je répondis : « Elle est la plus vulnérable car elle réunit les avantages de ce monde et ceux de l'au-delà. Si un être ayant opté pour les jouissances terrestres se décidait d'œuvrer pour l'au-delà, il y trouverait viatique à sa quête ; et si un disciple de l'ascèse se laissait aller au penchant de son moi, de même il y trouverait tous les délices de ce monde. Quant à l'agrément de son climat, son froid n'est pas vénéneux, et sa chaleur ne nuit pas. Et pour la beauté, il n'y a pas plus élégant que ses édifices, aucune ville n'est plus propre, aucune mosquée plus réjouissante. Et pour l'abondance de ses biens, Dieu y a réuni les fruits des vallées, des monts et des plaines, que de choses inconciliables tels que cédrats, amandes, dattes, noix, figues, bananes. Pour l'excellence, elle est l'enceinte qui accueillera le Jugement, par elle commencera la Résurrection, vers elle convergeront les foules pour le Rassemblement. La Mecque et Médine acquirent leur excellence par la Ka'ba et le Prophète. Le jour du Jugement, elles y seront conduites, alors elle recèlera toute l'excellence. Et pour l'étendue, tous y seront rassemblés : où trouver plus vaste territoire ? » Alors ils apprécièrent mes propos et en convinrent.

Cependant, elle a des défauts. Il est écrit, dit-on, dans la Torah : « Jérusalem est une cuve d'or remplie de scorpions. » Ensuite, tu ne rencontres pas plus sales que ses bains, ni plus coûteux que ses vivres. Elle manque de savants et abonde en chrétiens dont le sens de l'accueil est aussi évanescent que l'écume. Les hostelleries et places de négoce sont soumises à de lourdes taxes. Pour ce qui s'y vend, des gardiens sont postés à ses portes, aussi personne ne peut vendre de ce qui est utile aux gens sinon intra-muros, avec peu de profit. Point de défenseur pour la victime. Le vertueux est accablé de souci, le riche envié, le savant délaissé, l'homme de lettres non reconnu. Point de séances de spéculation, ni d'enseignement. Chrétiens et juifs y prédominent. La mosquée est vide d'assemblées et de séances.

Elle est plus petite que La Mecque et plus grande que Médine. Elle est entourée d'un rempart dont une partie est bâtie sur la montagne, le reste doublé de fossé. Elle a huit portes en fer : celles de Sion, du Désert, du Palais, du Puits de Jérémie, de Siloé, de Jéricho, de la Colonne, du Mihrab de David. L'eau y est conservée dans de vastes réserves. On dit : Rien à Jérusalem n'est plus aisé à avoir que l'eau et l'appel de la prière. Rares les maisons qui n'aient pas au moins une citerne. S'y trouvent trois grandes piscines : celles de Beni Israël, de Salomon, de'Iyâd, laquelle fournit l'eau des bains publics, à l'aide de conduits longeant les rues. Dans la Mosquée il y a vingt citernes qui forment comme un lac. Rares les quartiers sans fontaines publiques. Mais l'eau de ces citernes vient des rues. On a formé d'une vallée deux piscines qui l'hiver retiennent l'eau des torrents. On y a percé un canal dont le débit pénètre au printemps dans la ville pour remplir les citernes de la Mosquée et d'autres lieux.

Ahsan at-taqâsim fî Ma'rifat al-Aqâlîm,
traduit de l'arabe par Abdelwahab Meddeb,
in revue *Dédale,* « Multiple Jérusalem », 1996.

GUSTAVE FLAUBERT

Indifférence

Lorsque Flaubert débarque à Jérusalem, le 11 août 1850, ce qui frappe est son indifférence à l'égard de la ville sainte ; nul amour, nulle haine, nulle ambivalence. Tout lui semble ruine, désolation, abandon. Tout sauf le charme et la sensualité des églises orientales, l'église du Couvent arménien et l'église grecque du Saint-Sépulcre. Comme si la beauté de l'Orient qu'il affectionne avait déserté les rues de la ville pour se déployer là, dans le raffinement du travail de la pierre, l'audace et la subtilité des couleurs, le faste des parures sacerdotales, le port royal des femmes drapées de blanc, la décoration luxuriante des autels.

Voilà le troisième jour que nous sommes à Jérusalem, aucune des émotions prévues d'avance ne m'y est encore survenue : ni enthousiasme religieux, ni excitation d'imagination, ni *haine des prêtres,* ce qui au moins est quelque chose. Je me sens, devant tout ce que je vois, plus vide qu'un tonneau creux. Ce matin, dans le Saint-Sépulcre, il est de fait qu'un chien aurait été plus ému que moi. À qui la faute, Dieu de miséricorde ? à eux ? à vous ? ou à moi ? À eux, je crois, à moi ensuite, à vous surtout. Mais comme tout cela est faux ! comme ils mentent ! comme c'est badigeonné, plaqué, verni, fait pour l'exploitation, la propagande et l'achalandage ! Jérusalem est un charnier entouré de murs ; la première chose curieuse que nous y avons rencontrée, c'est la boucherie. Dans une sorte de place carrée, couverte de monticules d'immondices, un grand trou; dans le trou, du sang caillé, des tripes, des merdes, des boyaux noirâtres et bruns, presque calcinés au soleil, tout à l'entour. Ça puait très fort, c'était beau comme franchise de saleté. Ainsi disait un homme à rapprochements ingénieux et à allusions fines : « Dans la ville sainte, la première chose que nous y vîmes, c'est du sang. »

Tout était silencieux, nous n'entendions pas de bruit, personne ne passait; çà et là, le long du mur et nous faisant place, quelque juif polonais, long, barbu, avec son gros bonnet de poil de renard; les bazars sont fermés. C'est le Baïram, ce qui fait, à toutes les évolutions religieuses de la journée et de la nuit musulmanes, tirer une quantité emphatique de coups de canon. Les devantures des boutiques semblent rongées par la poussière et quelques-unes tombent en ruine. Elles sont couvertes, longues, étroites et d'un bel effet comme perspective.

Tout est voûté à Jérusalem; de temps à autre, dans les rues, on passe sous une moitié ou sous un quart de voûte; les maisons se sont établies dans ces anciennes constructions, et partout on a des voûtes sur sa tête. Sauf les environs du quartier arménien, qui sont très balayés, tout est fort sale; le pavé est presque impossible pour les chevaux, dans la rue de notre hôtel, un chien jaune pourrit tranquillement au beau milieu, sans que personne songe à le pousser ailleurs; les merdes le long des murs sont effrayantes de mauvaise qualité! Mais il y a pourtant moins de débris de pastèques qu'à Jaffa.

Ruines partout, ça respire le sépulcre et la désolation; la malédiction de Dieu semble planer sur la ville, ville sainte de trois religions et qui se crève d'ennui, de marasme et d'abandon. De temps à autre un Arnaute armé. Dans ces rues vides, en pente, le soleil là-dessus, des décombres, de grands trous dans les murs. Il y a, comme à Tyr, à Sidon, à Jaffa, sur toute la côte, des enfants à belle tête, les petites filles surtout, avec leurs figures pâles, entourées de cheveux noirs mal peignés. Notre guide, le jeune Iousouf, adolescent de dix-huit à vingt ans, à yeux noirs et à tournure féminine, rougissant, modeste, doux ; les soldats turcs (tout comme le pacha) sont amoureux de lui, et l'appellent quand il passe près des remparts : « Cawadja Iousouf, guel bourda, cawadja Iousouf. »

Le couvent arménien est immense, c'est propre, bien maçonné, considérable de cours intérieures, de terrasses et d'escaliers. Constructions pour les moines, autres pour les pèlerins. L'Arménien me paraît ici quelque chose de bien puissant en Orient ; il y a de ces inutilités de propriétaire, qui dénotent le gousset plein, telles que les rampes en fer sur les terrasses. L'église est surprenante de richesse, le mauvais goût atteint là presque à la majesté. Suffit-il donc qu'une chose soit exagérée pour qu'elle arrive à être belle ? Malheur à qui ne comprend pas l'excès !

Revêtement en faïence bleue jusqu'à hauteur d'homme, colonnes carrées. À gauche, chapelle de saint Jacques ; la place où il fut décollé marquée par un cercle, et, sous l'espèce d'autel entouré de fleurs et de flambeaux, vue sous verre une tête décapitée. L'autel tient tout le fond de l'église, est en dorure, composé de trois arceaux, le plus grand au milieu. Peintures généralement mauvaises, portraits des patriarches. Au-dessus, scènes de la vie de Jésus, les Saintes Vierges avec le bambino, auréolées d'argent ainsi que lui. On voit ainsi la figure peinte dans un cadre de métal, une a au doigt un vrai diamant. Tableau des martyrs : les gens qui lapident saint Étienne sont d'une férocité intentionnelle bien grotesque, voilà de vrais « meschants ». Un lion qui dévore je ne sais plus quel saint, à côté, c'est aussi fort bon; il a la gueule plus grande que le reste du corps. Un saint Laurent sur des flammes impossibles. Du côté de la porte, un Martyre des Innocents où au moins il y a quelques intentions : un petit enfant, au premier plan, qui meurt en vomissant.

À mesure qu'on examine le détail de cette église, la première impression s'en va. Si le mot d'Henri Heine « le catholicisme est une religion d'été » est d'une vérité de sensualité si profonde, le mot n'en est pas moins pour moi lié à l'idée de Moyen Âge, et celle de Moyen Âge à l'idée de pluie et de brouillard. Ô pauvres églises de ma patrie, aux parois verdies par les hivers, combien je vous aime! religieusement parlant, ce n'est plus de notre monde à nous. Luther est revenu protestant de l'Italie de Léon X.

Dans l'église grecque du Saint-Sépulcre, même ornementation. C'était charmant, une grande lumière illuminait tout, vêtements blancs des femmes, turbans et vestes de couleur des hommes, groupes debout tournés du côté de l'autel, patriarches à barbe blanche, Grecs venant baiser toutes les scènes de la Passion qui sont sur la cloison qui sépare l'église du chœur véritable. L'église arménienne, effet plein de fantaisie des longues guirlandes d'œufs d'autruche coloriés qui tombent du plafond; à la porte, à gauche, timbre en airain, plaque sur laquelle on frappe pour remplacer les cloches.

Dans la rue qui mène à la maison de Ponce Pilate (rue de Hatta ? = Hart-Hatta), maison de Véronique, à droite en descendant, basse, à petite porte, à demi enfouie sous terre et comme toutes les autres. La maison de Ponce Pilate est une grande caserne, c'est le sérail. De sa terrasse supérieure on voit en plein la mosquée d'Omar bâtie sur l'emplacement du Temple.

Le lendemain matin, nous nous sommes levés à six heures pour aller voir les juifs pleurer devant les restes de ses murs. Ils sont, à la base, en pierres cyclopéennes, qui rappellent l'Égypte par la puissance du travail, carrées et ornementées d'un quadrilatère intérieur pareil à celui que les menuisiers poussent au rabot sur les portes. Vieux juif dans un coin, la tête couverte de son vêtement blanc, nu-pieds, et qui psalmodiait quelque chose dans un livre, le dos tourné vers le mur, et en se dandinant sur ses talons. La même construction, le même mur se retrouve de l'autre côté du Temple, côté est. Comme nous nous en allions de là, nous avons rencontré d'autres juifs qui y venaient sans doute. Je me suis fait raser chez un barbier, qui me regardait en riant, sans que je sache pourquoi, et qui m'a rasé à l'eau chaude. De là nous avons été fumer un chicheh dans un café. En nous retournant du divan de bois où nous étions assis, nous apercevons une grande piscine carrée (piscine d'Ezechiel), pleine d'eau verdâtre, entourée de hauts murs percés çà et là, à des places rares, de petites fenêtres irrégulières; ce sont les murs de derrière des maisons qui l'entourent.

Le voyage en Orient

Le quartier arménien de Jérusalem est une petite ville à l'intérieur des murailles de la vieille ville et la cathédrale Saint-Jacques, le premier édifice à y avoir été construit, en 430, un siècle après l'arrivée des premiers pèlerins, venus du Caucase récemment christianisé. Les moines y célèbrent des messes somptueuses et les chants, d'une beauté envoûtante, s'élèvent au milieu des volutes d'encens. Cette sensualité subjugua Flaubert.

Toutes les églises d'Orient sont présentes à Jérusalem :

– Les orthodoxes non rattachés à Rome, et catholiques ;

– Les Grecs orthodoxes, plus ancien corps ecclésiastique établi dans le pays dont le bas clergé est formé d'Arabes et le haut clergé de Grecs et dont la langue liturgique demeure le grec ;

– Les Russes orthodoxes formant une toute petite communauté composée essentiellement de religieuses et de moines ;

– Les monophysites appelés aussi non-chalcédoniens, condamnés par le Concile de Chalcédoine en 451 pour avoir persisté à nier les deux natures du Christ, la nature humaine et la nature divine. Ils sont arméniens et coptes.

Quant aux catholiques orientaux, trois églises les composent. Les Grecs melkites forment la communauté chrétienne la plus nombreuse et la plus enracinée du pays. Ils incarnent l'alliage de la tradition grecque de l'Église orientale et la tradition catholique romaine de l'Église occidentale ; la charnière des deux mondes. Les autres catholiques orientaux sont les quelques milliers de maronites vivant surtout en haute Galilée et, encore moins nombreux, les Arméniens, Chaldéens et Coptes catholiques.

HERMAN MELVILLE

Carnets (1857)

Melville a trente-sept ans lorsque, le 11 octobre 1856, il entreprend son « voyage-en-Orient », tentant à son tour l'aventure orientaliste et spirituelle que nombre de poètes, d'écrivains et de penseurs occidentaux avaient effectuée avant lui. Chateaubriand en tête, ils venaient d'Europe ; de France surtout, d'Angleterre un peu, mais rares étaient alors les Américains attirés par ces horizons-là ; leurs voyages les menaient avant tout en Europe. Comme Chateaubriand et Flaubert avant lui, Melville sera déçu par Jérusalem et cela l'affectera d'autant plus qu'il traverse une période particulièrement sombre, accablé de dettes, abandonné par ses éditeurs, affaibli par une santé chancelante. Le 7 janvier 1857, débarquant à Jaffa, venant d'Alexandrie, il se rend à Jérusalem. D'emblée, le ton est au désenchantement : « Vu Jérusalem de loin – si je n'avais pas su, je n'aurais pu la reconnaître – elle ressemblait à des rocs arides. » En quelques traits incisifs, de son regard féroce d'artiste visionnaire, Melville saisit les enjeux des idéologies religieuses, la bataille misérable de l'espace. Pourtant, ce regard demeure prisonnier de son temps. Il est avant tout judéo-chrétien et occidental, et d'un orientalisme désabusé.

Village de Lépreux – maisons face au mur – Sion. Leur jardin, un tas d'ordures. – Ils sont assis aux portes demandant l'aumône – leurs gémissements – on les évite, eux & l'horreur.

Noms fantomatiques – Josaphat – Hinom, etc.

Pensées sur la Via Dolorosa – femmes qui halètent sous leur fardeau – hommes au visage mélancolique.

Errant parmi les tombes – je finis par me croire l'un des possédés du démon.

Diversité des tombes – avec des escaliers comme une chaire, etc. « Multitude, multitude » dans la vallée d'Hinom. (Tradition attestée par l'Écriture.) Pierres autour du tombeau d'Absalon – stèles autour de celui de Zacharie.

Église du Saint-Sépulcre. – Dôme brisé – Lampes de pierre pour l'onction – crasseuses – odeur bizarre irrégularités – caves – grottes – Chapelle de la Découverte de la Croix. Des pèlerins – bavardent – des pauvres – se reposent.

Couvent arménien – Vaste – pèlerins.

Vue de Sion à flanc de coteau – pierres détachées & graviers comme répandus par des charrettes.

[L'esprit ne peut être que tristement affecté, & de manière toute suggestive, par l'indifférence de la Nature & de l'Homme envers tout ce qui rend ce lieu sacré pour le chrétien. Des mauvaises herbes croissent sur le mont Sion; côte à côte dans une impartiale égalité s'étendent les ombres de l'église & de la mosquée, et sur le mont des Oliviers chaque matin le soleil s'élève avec indifférence au-dessus de la chapelle de l'Ascension.

[L'angle sud-est du mur. Mosquée d'Omar – Temple de Salomon. Ici le mur d'Omar se dresse sur les fondations de Salomon, triomphant de ce qui le soutient, emblème de la religion musulmane, qui en même temps méprise cette foi plus profonde qui l'a engendrée & précédée, etc.

[Combien l'on est affecté d'être dupé à Jérusalem.

[À Josaphat, les stèles juives gisent comme si elles avaient été projetées pêle-mêle par une explosion dans une carrière. Si serrées, une lapinière de morts – Si vieilles les inscriptions hébraïques se distinguent à peine des rides creusées par le Temps. Pierre informe, etc. – Côte à côte ici les tombes d'Absalon, Zacharie & saint Jacques. Taillées dans le vif du roc comme à Pétra. Saint Jacques, une véranda de pierre surplombant la gorge – colonnes. – Josaphat montre des strates de roche naturelle – chapiteaux de pilastres effacés par le Temps. – Énorme trou devant – plein de pierres à l'intérieur, tas de pierres (des charretées) devant – Tribut de malédiction que paie le pèlerin ; l'un des tristes agréments de Jérusalem. (Voir la Bible pour l'origine de la Tombe.) Être lapidé, tel est son mémorial – Les pierres tombales saillent du flanc de la colline, comme dans une résurrection déjà commencée. De loin difficile de les distinguer des rochers naturels qui abondent alentour. Les stèles grimpent à mi-hauteur du mont des Oliviers. En face, le cimetière des Turcs – tout contre les murs de la ville, & barrant l'accès aux arches bouchées de la Belle Porte. – Juifs et Turcs reposent les uns & les autres dans une autre foi qu'en celle de Celui qui s'éleva du mont des Oliviers tout proche. – La ville assiégée par l'armée des morts. – Cimetières tout autour.

[La Belle Porte, ou Porte Dorée – deux arches, sculpture hautement décorative, à coup sûr fort anciennes, époque d'Hérode – la Porte par laquelle le Christ s'est rendu à Béthanie & au mont des Oliviers – & aussi celle par laquelle il fit son entrée (avec des rameaux) dans la ville. Les Turcs l'ont murée à cause de la tradition qui voulait que par cette Porte la ville serait prise. – Une des choses les plus intéressantes à Jérusalem – paraît exprimer la finalité du christianisme, comme si c'était l'ultime religion du monde – plus aucune autre possible.

[Ayant pour objectif de saturer mon esprit de l'atmosphère de Jérusalem, m'offrant comme sujet passif; et consentant, à ses impressions surnaturelles, je me levais toujours à l'aube & allais marcher hors les murs. Et pour ce qui était d'échapper à l'atmosphère renfermée à l'intérieur, je n'étais pas une exception. Car chaque jour je ne laissais pas d'être frappé par les groupes de citadins qui se reposaient le long des arches près de la Porte de Jaffa là où elle domine la vallée de l'Hinom, et qui hantaient sans cesse les sources vallées & collines voisines. Eux aussi semblaient éprouver l'insalubrité d'une aussi petite ville enfermée dans de hauts murs qui empêchent la ventilation, retardent le lever du jour & hâtent la venue du crépuscule malsain. Eux aussi paraissaient partager mon exaspération devant cette limitation arbitraire & cet état de choses contraignant. – Je me rendais sur le mont Sion, gravissais les terrasses & contemplais les pierres tombales des Arméniens, des Latins et des Grecs ennemis, dormant ensemble de leur dernier sommeil. J'observais le flanc de l'Hinom et les ombres solennelles projetées par les tours de la ville jusqu'au fond hanté du bassin caché d'Hinom, et plus avant dans le val assombri mon regard s'arrêtait sur le réservoir ceint de falaises, rendu sinistre par de vieux oliviers fendus, là où l'ange du Seigneur frappa l'armée de Sennachérib. Et frappé par le matin, je voyais le sol rougeâtre d'Hakeldama avouer par des tons plus profonds son crime inexpiable. Sur la Colline du Mauvais Conseil, je voyais les vestiges de la demeure du Grand Prêtre où la tradition veut qu'ait été ourdie la mort du Christ, et le champ où lorsque tout fut accompli le traître Judas se pendit.

Carnets de voyage (1856-1857),
traduit de l'anglais par Philippe Jaworski,

MICHEL BUTOR

Neuf instantanés de Jérusalem
Le 29 avril 1994

Butor est l'invité de Mishkenot Shaananim, la très prisée demeure des artistes et intellectuels étrangers de Jérusalem-Ouest ; une maison basse et ancienne, en pierre rosée de Jérusalem, faisant face aux murailles de la vieille ville, dans ce premier quartier juif « hors des murs » de Yemin Moshé. Il se souvient d'un précédent voyage, en 1966, lorsque la ville était coupée en deux : la ligne de démarcation passait juste là, à quelques mètres, signalée par un mur de béton, des barbelés et des tireurs. Cette année 1994, des négociations se tiennent encore au Caire pour tenter une avancée vers la paix entre Israéliens et Palestiniens, Israéliens et pays arabes. Ces notes relatent une journée qui mène Michel Butor de la ville nouvelle à la vieille ville, qu'il parcourt ; quartiers arabes et chrétiens, quartier juif et ses habitants ultrareligieux : ces intraitables orthodoxes aux longues papillotes, tout de noir vêtus, que l'on dirait venus d'un autre temps et d'un tout autre lieu. Enfin, c'est l'esplanade du Temple, les deux mosquées d'Omar et d'el Aqsa et le mur des Lamentations où dansent en ronde quelques hassidiques.

1

Je me réveille dans les demeures des bienheureux (*mishkenot shaananim*). C'est le premier quartier bâti en dehors des remparts à la fin du siècle dernier, à l'intention d'émigrants pauvres, par Sir Moshe Montefiori, dont je me demande comment il avait fait sa fortune. Admirablement restauré, il héberge maintenant des artistes et comporte un centre d'accueil pour hôtes de passage. Dans le salon, un portrait d'époque le montre en veston noir avec un extraordinaire jabot ondulé. Il a même construit un moulin de style hollandais pour moudre la farine de tout son monde; mais il paraît qu'il n'a jamais tourné. Ce n'est pourtant pas le vent qui manque ici, notamment aujourd'hui. Les chambres sont reliées par une coursive couverte avec des arcades en dentelle de fonte moulée, qui donne sur les remparts ottomans et le pont Sion avec l'église de la dormition de la Vierge de l'autre côté de la vallée de la Géhenne aujourd'hui transformée en jardin public. *Sic transit gloria diaboli...*

2

Petit déjeuner dans une sorte de vérandah dont les parois vitrées donnent sur un patio allongé très fleuri. Je songe à mon précédent passage il y a vingt-huit ans. Alors cette vallée portait bien son nom, car elle était encombrée d'un mur de béton avec barbelés et tireurs. Il n'était pas question d'en approcher, encore moins de la traverser, ce qui avait été possible pour les touristes quelques années auparavant. Les journaux anglophones du matin nous renseignent en détail sur les négociations du Caire, qui, on le sent, préoccupent chacun, même si la conversation tourne sur tout autre chose.

3

Un champ de renoncules de couleurs variées sous la porte de Jaffa. À droite après l'avoir franchie, la citadelle avec la tour de David. Nous y visitons le musée de la vieille ville avec ses dioramas qui nous font passer des Cananéens, à travers les Hébreux, Babyloniens, Perses, Asmonéens, Romains, Byzantins, Arabes, Croisés, Mamlouks, Ottomans, Anglais, Jordaniens, jusqu'aux Israéliens d'aujourd'hui. Dans un sous-sol la maquette en zinc fabriquée par un artiste hongrois en 1872, exposée dans plusieurs villes européennes avant d'être retrouvée, plus d'un siècle plus tard, dans le grenier d'un musée de Genève. Dans un autre sous-sol, une exposition temporaire : icônes de la féminité; ce sont déesses égyptiennes, phéniciennes, grecques et romaines, vierges chrétiennes, allégories, pour finir par d'amusants assemblages récents avec force souliers à talons, dessous à dentelles, ustensiles de cuisine, machines à écrire et photos de stars.

4

Dans le triangle piétonnier de la nouvelle ville, entre les rues de Jaffa-Ben-Yehuda et King-George, encore très calme à cette heure-ci, parmi les terrasses où se prélassent quelques militaires des deux sexes avec leurs mitrailleuses, et aussi des colons, revolvers sur la fesse, un accordéoniste au puissant physique à la Calder discute avec un barbu passionné assis sur une caisse. Ils doivent évoquer leurs souvenirs d'Europe. Sont-ils venus de Vienne ou d'Odessa ? Pas moyen de les frôler discrètement pour identifier leur langage. Descendant vers la porte Neuve, nous enfilons une succession de petites cours joliment aménagées pour aller déjeuner au restaurant Studio en face d'une fabrique de harpes où l'on nous régale d'une audition tandis que nous examinons les cithares de porte, dont les boules suspendues effleurent les cordes à chaque passage.

5

De nouveau en vieille ville pour parcourir le quartier juif dévasté en 1948, puis fouillé après 1967, ce qui a permis de retrouver en sous-sol la rue principale de la ville d'Hadrien avec ses colonnes et boutiques aujourd'hui rouvertes, et reconstitué avec la nervure en plein cintre de sa grande synagogue, détachée comme un arc-en-ciel. Calmes rues blanches où courent et jouent les gamins orthodoxes avec leurs mèches bouclées se balançant déjà depuis leurs tempes, gilets noirs et chemises blanches, encore gais, frais et roses avant la pâleur et mélancolie qu'imposera la redingote de l'adolescence.

6

Passant une croisée d'ogives, reste d'une abbaye d'hospitaliers, nous descendons avec le soir vers la porte des ordures, dite aussi des Maghrébins. À travers les pylônes des grues passent la coupole de la mosquée el Aqsa et celle du temple du Rocher, lieu du sacrifice d'Abraham et départ de la cavale de Mahomet vers le paradis, fraîchement redorée par la Jordanie. Depuis un palier nous observons les orthodoxes de quartiers lointains, avec leurs extraordinaires chapeaux de fourrure, comme s'ils n'avaient jamais quitté leur Lituanie ancestrale, se hâter vers leurs bus ou voitures avant le crépuscule qui marque le début du saint jour rayé d'interdictions.

7

Foule sur l'esplanade dégagée devant le soubassement du second temple, dit le mur des Lamentations, mais si vaste qu'il y aurait place pour bien plus. Les femmes vont à droite, où elles restent calmes et silencieuses, les hommes à gauche, coiffés de leur calotte ou kippa. On vous en offre en carton si vous désirez vous mêler aux orants ; mais avec le vent il faut que la main la tienne sur le crâne. Il fait très frais pour la saison. Des enfants se faufilent entre les groupes animés par des chantres en châles, qui psalmodient en hochant la tête, puis tout le torse, se balancent, s'agitent et quand l'obscurité s'épaissit, forment des rondes en dansant avant de se disperser ivres dans la nuit.

8

Sur la gauche on pénètre par une arcade dans un haut souterrain voûté qui suit le soubassement du temple pendant une centaine de mètres. On y trouve une bibliothèque talmudique où de nombreux maîtres scrutent les textes vénérables, assis ou debout dans un éclairage à la Rembrandt, avec quelques jeunes disciples qui viennent leur proposer leurs difficultés. Ici et là des puits d'investigations archéologiques déjà constellés de monnaies de toutes contrées par les pèlerins qui souhaitent revenir.

9

Enfin par des avenues où les réverbères se raréfient sous la lune illuminant le désert de Judée, nos amis nous mènent dans leur demeure déguster, lors d'un dîner de shabbat libéral, vins de Carmel et du Golan.

In revue *Dédale*, « Multiple Jérusalem », 1996,

AVOT YESHURUN

Elle ne savait la femme elle ne savait

Ciel phylactère de la vieille ville
vaste dispersé en haut plus haut
en floraison pure comme laine
le tout le tout d'une seule brebis.

Et en bas plus bas au Mur occidental
assis ils font la grève de la faim
assis ils font la grève sur le tas
Le tout face au Mur.

Arc du ciel sur arc de Wilson.
En bas plus bas des pierres neuves.
En bas plus bas non usagées.
Ni secteur hommes ni secteur femmes.

On n'agrée pas les billets pliés.
On n'agrée pas les baisers.
On n'agrée pas les grévistes.
On n'agrée pas les assis.

Et une femme mahométane regard d'oiseau
traverse l'arc de Robinson.

Avot Yeshurun est un poète juif et israélien singulier, né en Ukraine en 1904, et mort à Tel-Aviv en 1992.

Monter à Jérusalem

Qui aurait cru que ce jabel
avait des pierres neuves ?

Mur occidental non taillé.
Ciel phylactère.
Un arc puis un arc puis un arc.
De tout apeuré.

Et une femme mahométane traversa la place,
regard d'oiseau apeuré.
Et la femme ne savait l'oiseau ne savait
depuis quand l'oiseau apeuré.

La faille syro-africaine,
traduit de l'hébreu par Hélit Yeshurun
et Colette Salem, in revue *Dédale,*
« Multiple Jérusalem », 1996

ANTON SHAMMAS

L'enfant sage

1.

Je suis là, selon la logique
de la cité et des pierres
et mes lèvres sont de pierre
Mes mains sont molles –
selon ma logique personnelle.
J'entends la nuit où elle s'est couchée sur lui
Oui, j'entends la nuit
et écris des poèmes improvisés
pour l'enfant mort.

2.

À la fenêtre, de l'autre côté de la cour,
un enfant pleure à Jérusalem,
selon la logique du prophète
du temps de Salomon.
Et l'Eternel tenant la cité
par ses pieds ridés la soulève,
murmurant : Faut-il la partager ?

Anton Shammas est un poète et essayiste palestinien. Il est né en 1950, dans le village de Fassuta, en Galilée, deux ans après la création de l'État d'Israël, dont il est citoyen. Il a écrit son premier roman, *Arabesques*, ainsi que ses premiers poèmes en langue hébraïque. Il vit depuis les années quatre-vingt aux États-Unis et il écrit désormais en anglais.

3.

Un frisson de crainte brandi comme une épée.
Je me replie.
J'ai vu la nuit s'approcher, paresseuse,
s'appuyant aux murs,
s'effondrant de peur.
À vrai dire, en ce moment
je regarde le spectacle avec inquiétude,
oui, je regarde…

4.

Assis le dos à la table,
je fixe le mur
ou :
j'émets un mandat de perquisition contre moi-même
pour forcer ma mémoire
(le passé est un crime hideux).
Je prépare des embuscades
pour mes histoires d'amour.
Je me fais des signes, à travers la pièce
illuminée de lampes rouges
(romantiques mais discrètes).
J'attends la cloche salvatrice
(ne le saviez-vous pas ?)
Et lorsque l'heure viendra -
si quelqu'un prend la peine de s'enquérir de moi -
je serai probablement porté disparu.

5.

Le « sens unique » est la règle du jeu.
Amihaï quitte la poésie hébraïque,

laissant une pancarte « reviens de suite ».
Pas moi, pas moi.
Le matin, j'expédie des cartes postales
à mes amis les plus chers
disant que je leur envoie
des cartes postales le matin.

6.

Je suis assis et je regarde, changeant mes lunettes
une fois par an et ajoutant moins un à chaque verre.
Entre-temps, selon une logique abstruse,
l'univers commence à se brouiller devant mes yeux –
une main invisible
s'amuse avec le foyer.
Je ne me plains pas.
Je ne siffle pas.
Je ne fais pas rouler de bouteilles vides dans la salle.
Mais je suis loin d'être calme.
Pour dire la vérité
comme je l'ai promis plus haut,
je crains que mes membres ne soient brisés.

7.

Et j'affirme que tout ceci était superflu.
Car, à la longue, les petites choses,
les longues phrases,
les gestes cérémonieux
auront une fin.
Alors, discrètement, la solitude
s'infiltrera par la porte grande ouverte.

8.

À l'intérieur de moi, une faible parole
cherche à sortir,
grattant comme un chat enfermé à double tour.
Un gémissement atterrit sur mon palais,
tombant dans une embuscade -
Je n'ose pas...
J'aspire au néant étrange
entre le battant et la cloche.

9.

J'écris des poèmes improvisés
pour l'enfant mort.
Il est debout à la fenêtre, de l'autre côté de la cour,
faisant des signes avec sa lanterne de larmes.
Il regarde, selon sa logique -
et selon la mienne.

Traduit de l'hébreu par Lida Schechtman
in *Chant d'Israël, anthologie de la poésie hébraïque moderne*, textes choisis par Nicole Gdalia,

VIVRE OU PERDRE JÉRUSALEM

SAMUEL-JOSEPH AGNON

Balak, chien fou

Né en Galicie en 1888, Agnon, qui s'appelait alors Samuel-Joseph Czaczekes, monte à Jérusalem en 1909. Il meurt en 1970 à Rehovot, non loin de Tel-Aviv. Élevé dans un milieu religieux, nourri des grands textes traditionnels juifs, c'est l'un des pères de la littérature hébraïque moderne, l'un des premiers à bâtir une œuvre de fiction en hébreu. Une histoire simple, *écrite en 1935, est un de ses romans majeurs. Un chien en est le héros. Seul, exclu, il cherche refuge dans le dédale des rues de la Jérusalem du début du* XXe *siècle, d'un quartier à l'autre, d'une communauté à l'autre. Pérégrinations d'un réfugié pas comme les autres, humour et autodérision.*

Ainsi donc il avait pénétré dans l'enceinte et se tenait entre la Porte de Jaffa et la Porte d'Autriche. Comme tout le monde était excité par l'arrivée du courrier de l'étranger, personne ne faisait attention à lui. Et lui non plus ne regardait pas les hommes tant il était occupé à se frayer un chemin. Après avoir inspecté les lieux, il se dirigea vers le marché de la Ville Haute et de là vers la Halle aux légumes, en face de la rue aux Juifs (grâce aux dalles, il y régnait un air plus frais). Tout ce que le chien entrevit là-bas, au gré de ses pas, aucun auteur de récits de voyages n'aurait su le raconter. De la Halle aux légumes il alla au Marché d'Aladin, puis il enfila la rue de la Chaîne. Il allait, franchissant fossés et obstacles, traversant ruelles et sentiers, gambadant dans les chemins sinueux, tors et retors, bourbeux, tourbeux et tortueux, parmi les ordures et les détritus, entre les maisons de l'Ismaélite, endeuillées et sombres, semblables à leur Propriétaire, venu du Maroc, qui vit dans sa demeure comme une bête fauve dans son antre. Après avoir flairé en tous sens, il poussa jusqu'au marché d'Hamidan, puis jusqu'au quartier du Refuge. Il n'y trouva aucun refuge pour son corps; bien plus, ses os intacts depuis les Cent-Portes faillirent être rompus. À cette époque, en effet, la Ville regorgeait d'écoles et les savants qui en sont sortis (et vivent encore parmi nous) savaient, dès leur plus tendre enfance, réunir les lettres et assembler les syllabes. Les écoliers reconnurent tout de suite les mots inscrits sur le dos du chien et ils tentèrent de l'écraser sous les pierres comme un serpent. Il crut vivre là sa dernière heure; par bonheur, il parvint à s'enfuir.

Ainsi donc il put sauver sa peau et atteindre un abri sûr. On raconte qu'il fit un séjour parmi les Gentils. Mais je ne saurais dire où il s'installa en premier : Chez les Grecs orthodoxes ? Chez les Grecs catholiques ? Chez les Arméniens grégoriens ? Chez les Arméniens catholiques ? Chez les Maronites ? Chez les Coptes ? Auprès des moines franciscains ou auprès d'autres ordres ? Chez les Luthériens, les Calvinistes ou les Presbytériens ? Ce qui est certain, c'est qu'il fréquenta successivement toutes ces sectes, comme certains Juifs qui mangent à tous les râteliers. Les peuples de la terre, comme ils ignorent la langue sacrée, ne furent point effrayés par sa marque; ils le traitèrent normalement et il ne manqua de rien.

Le chien avait trouvé asile auprès des Gentils. Il mangeait, buvait, jouait avec ses semblables. Parfois il les mordait, parfois aussi il était mordu, parfois pour rire, parfois pour de bon, surtout lorsque apparut parmi eux Potirata la Syrienne, dodue comme une brioche de jour de fête. Le chien pourtant ne trouvait pas la paix de l'âme. Son cœur déchiré se tourmentait sans cesse. Est-il possible – se disait-il – que les enfants d'Israël, miséricordieux et fils de miséricordieux, soient devenus cruels et que les enfants d'Ismaël et d'Esaü deviennent miséricordieux à leur tour ? Il y avait une contradiction inexplicable entre la haine que lui vouaient les Juifs et l'accueil que lui réservaient les Incirconcis. Il en vint à douter de lui-même, car il n'attribuait pas encore ses échecs à autrui, comme le font les créatures humaines qui voient la paille dans l'œil du voisin et ignorent la poutre dans le leur. Peut-être était-il possédé par quelque vice caché, insupportable aux hommes ? Mais pourquoi sa tare n'apparaissait-elle qu'aux enfants d'Israël ? N'était-elle donc pas « tare » aux yeux des autres peuples du monde ?

Épuisé par ses réflexions, le chien tomba malade et prit des remèdes. Mais les remèdes, après l'avoir soulagé durant quelques jours, le terrassaient pour des semaines. Après avoir guéri une partie de son corps, ils détraquaient l'ensemble. Il comprit que les médicaments l'avaient trompé. Il entra en grande colère et se reprocha amèrement d'avoir cru en leur pouvoir. Mais il était trop tard, son corps s'était couvert de gale et il n'avait plus qu'une seule ressource, se laver. Or, qui connaît les problèmes de la distribution d'eau à Jérusalem peut prévoir les difficultés qui attendaient le chien.

Il passa en revue tous les établissements de bains de la ville et des alentours : des bains turcs, à mi-chemin entre la Porte des Lions, le mur Ouest et les bassins d'Ézéchiel, aux bains juifs de la synagogue de Nichi, en face des maisons karaïtes, des bains occidentaux toujours glacés (même les gens du meilleur monde qui ne fréquentent jamais un établissement public y viennent la veille du Grand Pardon) aux bains de Habadji et à ceux de la Cour Solitaire. Il y avait aussi les établissements situés à l'extérieur de l'enceinte, par exemple celui de la rue de Jaffa, réservé à la secte des Anabaptistes. Le chien n'en oublia aucun. Mais aucun ne lui convenait. Les bains turcs étaient remplis de voyous et de farceurs, prêts à vous vider sur la tête quelque cuvette d'eau bouillante, ou encore d'étudiants qui, n'ayant pas où loger, y passaient la nuit ; ceux-là reconnaîtraient vite le vice du chien et répandraient partout le bruit de son opprobre. Quant aux bains de la Cour Solitaire, il valait mieux ne pas y songer. On en ressortait aussi sale qu'un balai la veille de la Pâque, et on ne pouvait décemment appeler eau ce qui s'y déversait ; on racontait même que quelques hommes venus s'immerger dans le bassin avaient dû se servir de couteaux pour enlever les croûtes collées à leur peau. Certains autres établissements étaient fermés, des rixes éclatant trop fréquemment entre les baigneurs. Quant aux bains des Anabaptistes, si je ne craignais de médire, je dirais que la tête de ses propriétaires ne revenait pas au chien.

In *Contes de Jérusalem*,
traduit de l'hébreu par Rachel et Guy Casaril,

JABRÂ IBRAHIM JABRÂ

Le navire

Écrivain palestinien, Jabrâ Ibrahim Jabrâ est né à Bethléem en 1920 et mort à Bagdad en 1994. Entre ces deux dates, il y eut celle de 1948, qui vit la création de l'État d'Israël et l'exode de quelques centaines de milliers de Palestiniens. Jabrâ est l'un de ces exilés. Dans Le navire, *étrange croisière entre Beyrouth et Naples, c'est justement d'exil qu'il est question, et d'absence. Jérusalem en reste l'incarnation par le symbole qu'elle figure mais, aussi et surtout, par la prégnance et la précision des souvenirs d'enfance que nous livre ici Jabrâ.*

En rentrant un soir du jardin des Oliviers vers Chammâa, comme notre conversation se prolongeait, j'ai accompagné Fâyez sur le terrain vague poussiéreux qui descendait vers sa maison à Joûra. Or voilà que le sol avait été semé... d'hommes ! Je n'aurais jamais cru cela possible ; c'était à cinq minutes de chez moi, et je n'en savais rien ! Chaque homme s'était creusé une petite tranchée qui lui suffisait pour s'étendre et peut-être se protéger du vent froid des dernières heures de la nuit. Chacun, enveloppé d'une *abâya* déchirée, dormait dans son trou jusqu'à l'aube... Qui les avait amenés là ? Et d'où ? Le matin, ils se dispersaient en quête d'une pitance à peine suffisante pour calmer leur faim ; à la nuit ils retournaient à leur tanière, où ils tenaient de longues veillées et d'où ils répondaient au salut des passants, en attendant le lendemain qui les verrait repartir, puis revenir au même endroit. C'était leur seul point d'attache sur cette terre. « Wadîh, y a-t-il une limite à la misère ? » murmura mon ami. Je lui demandai s'il les avait dessinés, eux aussi. « Oui, dit-il. De mémoire. Ils ont des mains aussi puissantes que si elles étaient taillées dans le roc, et ils résistent comme le rocher… »

Comme le rocher. *Roc, rocher* étaient devenus des mots de passe entre nous. Le roc était le symbole de Jérusalem ; elle ressemblait à un rocher. Son relief suivait les replis du rocher. Le roc est au bord de chaque rue, de chaque chemin. Partout où nous allions, des gens taillaient des pierres pour paver les rues ou pour construire. Les carrières entourent la ville. La Palestine est un roc, sur lequel les civilisations se sont édifiées, parce qu'il est dur, avec des racines si profondes quelles atteignent le centre de la terre. Ceux qui résistent comme des rochers bâtissent Jérusalem, bâtissent toute la Palestine. Qui, parmi ses apôtres, le Christ a-t-il choisi pour lui succéder ? Simon Pierre, Simon Rocher. Et les Arabes ? Quel édifice ont-ils bâti pour qu'il soit le plus beau de tous les temps ? La Coupole du Rocher. Et ces hommes semés dans le terrain vague ? Par une nuit de clair de lune, on voit leurs têtes et leurs épaules pointer hors de leurs trous comme autant de cailloux. Et le Bassin du Sultan, qu'a-t-il qui nous attire tant ? Le roc entouré d'eau… quand il y a de l'eau… Eh bien ! chantons la beauté des rochers !

Un beau jour de printemps, à l'époque où les rocs explosent en bouquets de fleurs, les lycéens se sont rassemblés dans la cour de la Coupole du Rocher pour partir manifester contre le gouvernement britannique qui ouvrait les portes à l'immigration juive. Fâyez, avec des centaines de camarades, préparait les slogans et les motions. Quand nous sommes sortis en escadrons serrés dans les rues étroites de la ville, lui et moi étions ensemble. Les voûtes retentissaient de nos clameurs ; les boutiques se fermaient et notre masse ne cessait de grossir. À Bâb al-Khalîl, l'armée et la police anglaises nous attendaient pour nous disperser. Le torrent tumultueux des jeunes continuait à déferler. Soudain les soldats ont ouvert le feu et se sont élancés contre nous ; on vit s'abattre de partout les pierres et les bâtons, et même les souliers ; les vociférations montaient à pleine gorge. Un de nos amis tomba à terre, blessé à la jambe ; le sang coulait sur ses chaussures et dessinait de petits papillons rouges sur l'asphalte. Nous l'avons emporté sur nos épaules aux cris de « le Rocher ! ». Le pays entier fut en grève pendant six mois, et de tous les rocs de Palestine surgirent les révolutionnaires. Au cours du long été qui suivit, Fâyez et moi avons passé des jours et des jours à nous promener dans les rochers et les oliviers. À un moment, nous nous sommes passionnés pour Aïn Kârem, le village natal de Jean-Baptiste, où l'on trouve à la fois les rochers, les arbres et l'eau. Nombreux sont chez nous les villages rocailleux et verdoyants. Un jour, à midi, sous un soleil torride, nous sommes arrivés au village de Silwân – c'est le Siloé de l'Évangile. Nous nous sommes mis en quête de la source. Il n'y avait plus aux abords que deux ou trois femmes ; les autres étaient reparties depuis le matin, avec leurs jarres et leurs bidons pleins. L'eau sort d'une grande grotte, aux marches glissantes. À cette heure-là, l'endroit était désert; la fraîcheur et l'humidité en faisaient un lieu de repos idéal pour des gens comme nous, épuisés de fatigue et de soif par la canicule.

C'était à cette source, dans cette grotte, qu'à l'aube de l'histoire avaient bu les premiers bâtisseurs de Jérusalem; là ils puisaient la vie pour la cité qu'ils avaient construite sur les rochers dont les gradins s'élèvent jusqu'à la crête de la colline qui depuis est devenue le cœur de la ville. Cette caverne aux eaux vives était la nôtre. Il n'y en avait aucune au monde de plus ancienne. De nous dire cela, c'était comme si nous avions découvert un nouveau continent. Nous sommes descendus par les marches polies jusqu'au sol de la grotte; les eaux se répandaient sur les côtés, jaillies d'une grande faille triangulaire, légèrement plus haute que la taille d'un homme. Les rochers glissants, dorés et roses, étaient aussi doux que la peau des femmes qui viennent là le matin et le soir. Nous étions trempés de sueur; nous nous sommes jetés à plat ventre pour plonger nos visages brûlants et poisseux dans la fraîcheur de l'eau et aspirer sa limpidité lumineuse. Aussitôt après, nous nous sommes déchaussés, nous avons enlevé nos chemises et nous nous sommes assis les pieds dans le courant; nous nous aspergions et nous léchions les gouttes qui coulaient délicieusement sur nos lèvres. Soudain Fâyez demanda : « Tu crois que quelqu'un peut venir maintenant ? » Avant même que j'aie pu répondre, il avait enlevé tous ses vêtements et sauté nu dans la faille de la source en criant comme un fou : « Hâï ! Hâï ! Hâï ! » J'ai éclaté de rire. Son corps avait pris la couleur de la roche vers laquelle il s'élançait. Je revois encore l'éclat de ses épaules et de son dos, et le tremblement de ses fesses, comme deux pierres roses. Il remontait le courant en suivant les courbes de l'anfractuosité ; la lumière jouait avec lui, reflétée par la surface liquide. « Hâï ! Hâï ! » Écho humide, palpitant, vivant... Que faire, sinon me déshabiller à mon tour et me lancer moi aussi à l'intérieur de la faille bruissante ? L'eau nous arrivait aux genoux, le fond était lisse, souple sous le pied. Fâyez s'enfonçait dans un méandre de la faille, qui devenait étroite et sombre. « Voici les racines ! les entrailles ! la matrice ! » cria Fâyez, quand le plafond se fut abaissé sur lui ; il se penchait en avant, aussi loin qu'il pouvait, pour toucher de la main le mystère de la naissance de la ville : « Le roc et l'eau ! » Notre rire retentit dans le caveau bouillonnant et obscur ; l'eau écumait autour de nos cuisses, tendrement sensuelle. Nous nous sommes installés dans un bassin tranquille, immergés jusqu'au ras de la bouche et des yeux. Et nous chantions « Ô nuit ! Ô nuit ! » tout en barbotant comme des idiots... Puis il a bien fallu quitter notre retraite et revenir à la grotte avant le retour des femmes, qui auraient cru que la source avait expulsé deux jeunes garçons nus, de la race des djinns, après leur avoir donné le baptême de l'eau et du rocher.

Le navire,
traduit de l'arabe par Michel Buresi
et Jamal Chehayed,

ÉMILE HABIBI

Le retour

Émile Habibi est né à Haïfa en 1922 et mort à Haïfa en 1996. Palestinien d'origine, il est devenu citoyen israélien en 1948. Il fait partie de « ceux qui sont restés », que la guerre n'a pas poussés hors des frontières du nouvel État d'Israël. Journaliste et écrivain, il est l'auteur de plusieurs romans à l'ironie acerbe et à l'humour décapant. 1980 : Habibi, qui vit alors à Nazareth, où il dirige le journal Ittihad, *d'obédience communiste, se promène dans les rues de la vieille ville de Jérusalem. Guidé par un ami hiérosolomytain, il suit le parcours d'une manifestation de jeunes Palestiniens qui avaient commémoré, à quelque temps de là, la guerre du 6 juin 1967, et la perte de Jérusalem. Alors que son compagnon lui explique la topographie de la vieille ville, Habibi poursuit une méditation intérieure, où il imagine, retrace et revit les grandes étapes de cette manifestation. Il dresse ici une autre géographie de la ville, celle de la mémoire de la guerre et du drame des siens. Texte militant, violent, où se révèle en filigrane une mystique de la lutte armée : les morts deviennent les martyrs vénérés d'une cause devenue sacrée.*

« Le Temple est à nous, Jérusalem est à nous.
De nos mains nous rétablirons Jérusalem dans sa splendeur,
Par nos mains, à Jérusalem la paix revient… »

Sanarjé ou yawman (« Nous reviendrons un jour »), chanson des frères Rahbani

COMMENT APPARUT, PARMI LES MOIS DE L'ANNÉE, UN MOIS NOUVEAU, APPELÉ JUIN SECOND

Le jour du Vendredi saint, les chrétiens de Jérusalem accomplissent leur procession traditionnelle, rangés derrière une grande croix de bois, marchant vers le Golgotha, sur l'historique Via Dolorosa.

Pour moi, j'empruntai un jour, avec mon ami hiérosolomytain, la voie suivie par des milliers de jeunes gens et de jeunes filles, le jour du « Mercredi saint », le cinq de Juin second (commémorant un autre 5 juin, celui de 1967), de l'esplanade de la Mosquée al-Aqsa au cimetière Youssoufia, où des gerbes avaient été déposées sur les tombes des martyrs ; et la croix de bois, nous la portions sur nos épaules.

L'ÉTONNANT SECRET DU NOM DE « LIEU DES FAONS »

Comme nous marchions, mon ami hiérosolomytain m'expliquait la topographie de la Jérusalem ancienne.

> *"Ils se sont rassemblés ici, sur l'esplanade des mosquées, autour du Bassin. "*

– Il est interdit d'aller plus loin, monsieur, ou bien enlevez vos chaussures.

Les jeunes gens et les jeunes filles s'étaient rangés deux par deux, portant les couronnes et les gerbes de fleurs, et devant la foule rassemblée en ordre se trouvaient deux hommes, l'un portant un Coran et l'autre un Évangile.

"Par ici, c'est la Porte de la Chaîne. La foule est sortie par là.
La porte était ouverte à deux battants."

– Non, ceci n'est pas le tombeau d'un saint, c'est une fontaine surmontée d'un dôme antique.
– Je vous salue. Notre frère est de Nazareth ? Journaliste ?
– Oui, du journal *L'Union*.
– Regardez bien.
Les manifestants s'étaient engagés dans la ruelle de la Porte de la Chaîne.

"Oui, c'est cette ruelle dont le gouvernement a annoncé qu'il voulait l'élargir et l'asphalter. Il a commencé par évacuer les habitants, pour détruire les maisons. À notre gauche, c'est le mur des Lamentations."
"La ruelle n'était pas vide; les gens y affluaient, venant de passages latéraux, et s'agrégeaient au défilé, de la gauche, de l'escalier du Boulanger, et de la droite, du caravansérail aux Parfums."

"Continue de monter. À ta gauche, c'est le quartier du Thé. Les multitudes y ont afflué, venant du quartier des Faons, dont on avait détruit les maisons, et dispersé les habitants."
– Les faons ? Quel est le secret de ce nom ? Nous avons, près de Nazareth, un village dont un lieu-dit s'appelle la Joie des Faons; ce hameau a été confisqué, et les maisons sont menacées de destruction.

COMMENT UN SEUL JEUNE HOMME AVAIT MILLE MÈRES

Mais mon ami hiérosolomytain était occupé de sa propre croix.

“Ici, ils ont tourné vers la droite. C’est le marché al-Bashoura. Non, ne va pas par là. Tourne plutôt vers la gauche, comme eux. C’est là le marché des Parfumeurs.”

– Comme il ressemble à l’ancien marché des Syriens, dans l’ancienne Haïfa.

– Je vous salue. Notre frère est de Nazareth ?

– Oui, mais je suis né à Haïfa… Le magasin de Naïm al Assal, je m’en souviens bien… Et je suis peut-être entré dans votre magasin aussi. Ali ? C’était un collègue… Il se trouve au Koweït ? Saluez-le de ma part… Jérusalem est un haut lieu, pourquoi craindrait-on que les flots du déluge ne l’engloutissent…

– Bienvenue, salut… J’espère que tout va bien… Non, cette ruelle n’était pas si étroite le jour où a défilé la procession. Tous les magasins étaient fermés, et leurs propriétaires n’étaient pas assis devant, comme c’est le cas aujourd’hui. Plus personne n’achète ni ne vend, et si les gens entrent et sortent, ce n’est pas pour se livrer au commerce, mais pour se transmettre des nouvelles sur les arrestations…

– Voilà, nous mettons nos pas dans les traces de ceux qui défilaient dans le marché aux Parfums, et maintenant nous voici dans l’entrepôt de l’huile… À ta droite, c’est la Montée de l’Ermitage, un torrent en dévalait la pente. À ta gauche, c'est la Montée du Couvent, par où ils sont venus, un peu plus loin à ta droite, c'est la Montée du Mufti... Puis la Montée de la Pastèque, à sa droite celle du Thon... La multitude est venue par ici, et par là aussi.

"Maintenant nous nous trouvons sur la place intérieure de la Colonne, il y a une autre place de la Colonne, à l'extérieur des remparts (au-delà de la porte de Damas). C'est là que les forces de police se sont massées, à mesure que la foule remplissait la place. Il y avait des policiers à cheval et à pied, ils s'en sont pris à la foule, l'empêchant de poursuivre la procession, ne laissant passer qu'un petit nombre de porteurs de couronnes, deux par deux. Puis il y a eu des heurts, une mêlée confuse... des hennissements... des cris de « Dieu est grand !... » des gémissements... des coups de gourdin. Les gens étaient traînés jusqu'aux voitures de police..."

Une vieille femme les a vus traîner son fils, elle a crié : « Mon fils ! » Les policiers se sont jetés sur elle, pour l'emmener elle aussi. Alors de tout côté, un même cri s'est élevé, multiplié : « Mon fils ! », si bien qu'ils ne savaient plus qui était la mère du jeune homme... Toutes ces femmes n'étaient-elles pas sa mère ?

"Les gens se sont mis à se jeter des pierres du haut des antiques terrasses. Ceux qui participaient à la procession ont poursuivi leur chemin, ignorant la présence de la police, en passant par la rue Saadiya, à l'intérieur du rempart, et jusqu'à la Porte Zâh (Porte d'Hérode)... Continuons... pour pénétrer enfin dans

le cimetière... entrons-y où ils ont déposé leurs gerbes."

COMMENT UN POÈTE, PAR SA POÉSIE, A REFAIT L'UNITÉ DE SES LECTEURS

Nous faisons en sorte de fouler la terre d'un pied léger, au cimetière Youssoufia.

– Les fleurs se sont fanées, dit mon ami comme en s'excusant. Ceci me rappela ces vers de Byron dans lesquels il dit avoir envoyé à son aimée un bouquet avec l'espoir que, dans ses mains, les fleurs ne se faneraient pas. Je répondis à mon ami, pour le consoler :

– Ce n'est que dans les cimetières qu'il convient de voir des fleurs fanées.

– Mais les petits cartons attachés aux gerbes laissent encore lire ce qu'on y a écrit.

Nous nous approchâmes pour déchiffrer, sur l'un de ces cartons :

> « Ceci est ma terre,
> et mon père s'est sacrifié ici.
> Mon père nous a dit :
> Écrasez nos ennemis. »

Et sur un autre :

> « Nous revenons. »

Sur un autre encore :

> « Le Temple est à nous
> Jérusalem est à nous. »

Sur une tombe était écrite la formule :

> « Heureux les affligés, car ils seront consolés. »

Mon ami m'arrêta devant une grande inscription sur une tombe avec une ouverture dont on eût dit l'entrée d'une caverne. « Lis », dit-il. Et je lus, sur un pan de tissu blanc, au-dessous de la formule coranique déjà citée, cette phrase :

« Ton souvenir sera éternel, mon frère, toi qui mérites la félicité, toi dont on rappellera toujours le nom. »

Mon ami hiérosolomytain me dit :

– Le lendemain, c'était un jeudi, une foule de plus de six mille hommes s'est rassemblée sur l'esplanade, ils voulaient aller en procession au cimetière des martyrs. La police à cheval les en a empêchés, et l'on a vu le mufti et le métropolite de Jérusalem faire face aux sabots des chevaux...

Je voulus savoir le nom de ceux qui avaient apporté les gerbes et les couronnes, mais certains étaient restés anonymes, et d'autres avaient écrit simplement :

> « De la part des gens du marché en gros. »

– Ces gens-là, leurs maisons ont été détruites.

> « De la Maison de l'Enfant arabe. »
> « De la part des éducateurs de la jeunesse de Jérusalem. »
> « De l'école primaire de filles de Shoafât. »

Et sur une feuille arrachée à un cahier de classe, je lus ceci, tracé d'une écriture novice :

> « Vive la Palestine. »

Puis je lus, avec étonnement :

« Abderahim Mahmoud. »

– Bien sûr la gerbe de fleurs ne vient pas de lui. Il est mort en 1948. On lit un vers de lui :

« L'âme du martyr a deux buts : attendre la venue du malheur, et obtenir l'objet de son désir. »

– Comme c'est étonnant ! Il a été tué à la bataille de l'Arbre, sur la route de Tibériade, en 1948, il a été enterré à Nazareth, et sa tombe ne porte ni signe particulier ni mention de son nom. On la distingue à peine.

– C'est la même chose pour la tombe de ce martyr. Nous ne savons pas le nom de celui qui est enterré là.

– Le poète a une résidence inconnue…

Un poète enterré à Nazareth, dont la poésie honore le monument d'un martyr à Jérusalem… C'est par sa poésie que les gens dispersés se rassemblent.

Extrait du *Sextuor des six jours*, chapitre IV,
traduit de l'arabe par Luc Barbulesco,
in revue *Dédale*, « Multiple Jérusalem », 1996,

DAVID SHAHAR

David Shahar est né à Jérusalem en 1926, d'une famille juive établie dans le pays depuis cinq générations. Il est mort en 1997 à Paris, où il résidait souvent. Écrivain singulier et solitaire, hiérosolomytain avant tout – il quitte pour la première fois sa ville à l'âge de trente-sept ans –, il place Jérusalem au centre de son cycle romanesque. Le palais des vases brisés *retrace en sept volumes la vie des différentes communautés de Jérusalem, dans les années 30 et 40, à l'époque du mandat britannique sur la Palestine, c'est-à-dire dans son enfance. Juxtaposition de mondes qui s'ignorent et cohabitent quand même : les prêtres et les fidèles du couvent et de l'église des Abyssins, les maisons vétustes et comme à l'abandon qui en jouxtent les murailles, la demeure du médecin juif allemand d'où s'égrènent des valses de Chopin, les cafés arabes du quartier voisin et les chansons égyptiennes échappées des postes de radio. Histoires d'amours illicites, flirts, frôlements. Du temps où à Jérusalem on savait encore vivre ensemble.*

Le jour

Pour me rendre à la bibliothèque de la Beneï Berit, je remontais la rue des Abyssins, dont la double courbure dessinait deux vagues qui se heurtaient, se resserraient et se pétrifiaient soudain au milieu du courant entre les clôtures des maisons érigées sur les berges. Ces enceintes de pierre, larges et solides, abritaient les vies cachées derrière leurs murs comme les reliures rigides des livres sortant de chez le relieur et qui, rangées l'une à côté de l'autre, tournaient vers l'extérieur des visages fermés et uniformes alors que chacune d'elles recelait un torrent de vie unique avec sa couleur, son rythme, sa saveur et ses conflits. J'avais envie de franchir le portail des clôtures comme je brûlais d'ouvrir la reliure des livres, plein d'attirance pour le monde étonnant et singulier vivant en eux à l'abri de la couverture opaque. Par contre, certains livres, pour leur aspect, leur titre ou leurs caractères d'imprimerie me paraissaient si ennuyeux que je me hâtais de les replacer sur le rayon; de même en allait-il pour certaines demeures devant lesquelles je passais en courant et en détournant les yeux, car l'idée d'y pénétrer me faisait frissonner désagréablement. Telle la première maison à l'angle de la rue des Prophètes et de la rue des Abyssins. Comme les maisons voisines, elle était entourée d'un mur de pierre mais, recouverte en majeure partie de plaques de tôle, elle faisait penser à une espèce de garage qui n'aurait jamais servi, parfaitement net, sans tache d'huile ni de rouille, ou encore à un abri militaire déserté par ses soldats et auquel de temps en temps, pour le consoler dans son abandon, venaient rendre visite de graves messieurs vêtus de complets noirs. Je détestais le fer-blanc, son toucher, son aspect et surtout la gamme de ses sonorités; tout objet en cette matière, seau d'eau ou tub, m'était désagréable. À plus forte raison ces maisons – des épouvantails de maison –, entièrement recouvertes de plaques de tôle, soulevaient-elles en moi une aversion semblable à celle que j'avais éprouvée un jour lorsque, croyant saisir un citron, au lieu de la peau brillante, ferme et douce qui entoure le fruit vivant et dégage une fraîche odeur piquante, mes doigts avaient serré soudain la matière morte d'un jouet de celluloïd en forme de citron. La clôture suivante, qui épousait les deux courbes de la ruelle, délimitait le quartier des Abyssins et renfermait l'église à coupole verte, le couvent et les bâtiments d'habitation. Celle-là non plus, je ne désirais pas la franchir mais pour une tout autre raison. Je craignais que les courants de la vie copte ne me soient si étrangers et si lointains que pour pénétrer leurs secrets il ne m'eût pas suffi de jeter un simple coup d'œil de l'extérieur, ni même de revêtir la longue robe des moines. Pour en sentir véritablement le mystère, il m'eût fallu changer de peau, être des leurs. À ce moment-là, je n'en éprouvais pas le désir et différai mon incursion dans le monde abyssin.

Un été rue des Prophètes,
traduit de l'hébreu par Madeleine Neige,

Le soir

La première victime du combat nocturne pour la domination de la rue des Prophètes, dans l'espace délimité par la ruelle des Abyssins et l'Hôpital italien, qui se déroulait entre les valses de Chopin échappées de la maison du docteur Landau, oculiste, et les chants d'amour de Farid el-Atrach jaillis à pleine puissance des postes de radio nouvellement installés dans les cafés arabes sur la pente de Mousrara – la première victime en était la propriétaire de notre maison, Mme Gentila Louria.

Par les claires nuits d'été j'entendais retentir les notes du piano enfoui dans la maison invisible derrière le mur de sa haute enceinte. Elles vibraient tout au long de la rue des Prophètes et entraient par les fenêtres de la maison, grandes ouvertes sur les étoiles du ciel. Parfois les arpèges tombaient comme des gouttes dans les chansons arabes venues d'au-delà de la porte de Sichem ou du quartier de Mousrara, s'engouffrant par la fenêtre ronde de l'est. Alors l'air nocturne tremblait d'une tension croissante car les rythmes occidentaux ne se diluaient pas dans les mélodies orientales pour créer des harmonies nouvelles – comme il arrive souvent qu'une œuvre musicale absorbe une mélodie étrangère, l'assimile et s'en nourrisse. Les gouttes de piano, au contact étranger, se cristallisaient en une matière explosive que la moindre étincelle risquait de faire éclater.

Dès que tombaient les premières notes, comme de lisses et froides billes, sur les ondulations vibrantes de la mandoline accompagnant la voix du chanteur arabe – non pas arabe, disait-on, mais juif d'Égypte –, Mme Gentila était la proie de nausées et de maux de tête si violents qu'elle appelait à l'aide sa sœur Penina : « Dépêche-toi... Trempe mon mouchoir dans de l'eau froide – ce mouchoir mouillé et enroulé sur la tête comme un turban avait la propriété de calmer ses douleurs – et ferme la fenêtre, vite, vite ! Tu n'entends donc pas le hibou polonais de la doctoresse qui recommence à tourmenter son piano ? Qu'il crève et sa maîtresse avec. Si mon mari était encore de ce monde, les choses ne se passeraient pas comme ça. Il dirait au maire, à Ragueb bey Nachachibi, de lui interdire de déchirer la nuit comme ça et de gâcher le repos de toute la rue.

Est-ce normal qu'une rue tout entière soit obligée de souffrir parce que la femme du docteur Landau n'a réussi à se dénicher pour amant que ce hibou polonais tout juste bon à taper sur les touches d'un piano ? Si encore il jouait de vraies mélodies qui réchauffent le cœur ! Mais il n'en est même pas capable. Et quoi d'étonnant ? S'il avait été un vrai pianiste, il n'aurait pas eu besoin de cette chatte hystérique qui n'a pas pu se trouver un vrai homme – rien que des "vases brisés" qui prenaient leurs soupirs et leurs gémissements pour des œuvres d'art. »

Un voyage à Ur de Chaldée,
traduit de l'hébreu par Madeleine Neige,

YEHUDA AMICHAI

Poèmes du pays de Sion et de Jérusalem

1

Notre enfant s'est sevré pendant les premiers jours
de la guerre. Et j'ai couru apercevoir
le terrible désert.

La nuit je suis revenu le voir
dormir. Il oublie déjà le sein de sa mère.
Il l'oubliera jusqu'à la prochaine guerre.

Et même tout petit ses espoirs se sont bouchés
mais ses désirs ouverts ne se fermeront pas de sitôt.

4

Je n'ai rien à dire sur la guerre
rien à ajouter. J'ai honte.

Tout ce que j'ai appris dans ma vie
Je l'abandonne comme le désert
abandonne son eau.
Et les noms que je ne pensais pas oublier
Je les oublie.

Yehuda Amichai est un poète israélien né en Allemagne en 1924 et mort à Jérusalem en 2000.

Et c'est à cause de la guerre que je redis
au nom d'une dernière et simple joie :
Le soleil tourne autour de la terre. Oui.
La terre est plate comme une planche flottante. Oui.
Dieu est au ciel. Oui.

5

Je me suis enfermé. Je suis
comme un marécage fermé. Je dors la guerre
comme on hiverne.
Ils m'ont fait commandant des morts
sur le mont des Oliviers.

Et toujours, même quand je vaincs,
je perds.

7

Le sang qui dresse le pénis
n'est pas la semence.
Et le sang répandu, bien sûr,
n'est pas la semence.
Et la semence se noyant dans le sang
n'est pas la semence.
et le sang sans la semence n'est rien
et la semence sans le sang est néant.

15

Même mes amours se comptent par les guerres :
je dis c'est arrivé après la Deuxième
Guerre mondiale. Nous nous sommes rencontrés un
  Jour

avant la guerre des Six-Jours. Je ne dirai jamais
avant la paix de 45-48 ou bien pendant
la paix de 56-67.
Mais la connaissance de la paix
passe de pays en pays,
comme les jeux des enfants,
qui se ressemblent tellement et partout.

21

Jérusalem est une ville où chacun se souvient
d'avoir oublié quelque chose
mais ne se rappelle pas quoi.

Et c'est pour me le rappeler
que je porte le visage de mon père sur le mien.

C'est la ville où les réservoirs de
mes rêves
se remplissent comme l'oxygène des plongeurs.
Sa sainteté
se transforme parfois en amour.
Et les questions posées
entre ces collines demeurent les mêmes :
Avez-vous vu mon troupeau ? Avez-vous
vu mon berger ?

Et la porte de ma maison est ouverte
comme la tombe
d'un ressuscité.

33

Un chant de mon pays. La science
de ses eaux commence dans les pleurs.

Tantôt c'est l'eau que j'aime tantôt la pierre.
Ces derniers jours je préfère les pierres.
Mais je pourrais changer.

35

En été toutes les nations
se rendent visite
pour se flairer
les points faibles et doux.

Hébreu et arabe
comme les pierres de la langue et
le sable de la gorge
se sont adoucis pour les touristes comme l'huile.

Jihad [1] et guerres saintes
éclatent comme des figues.

Les canaux de Jérusalem saillent
comme les veines et tendons d'un vieil homme.

Ses maisons sont comme les dents du bas
qui mâchent en vain
parce que le ciel est vide au-dessus.

1. Guerre sainte islamique. *(N.d.T.)*

Jérusalem est peut-être une ville morte
où les gens s'agitent et
se tortillent comme des vers.
Mais parfois ils font de grandes fêtes.

37

Toutes ces pierres cette tristesse
toute cette lumière débris de nuit cendre de lune
toutes ces orgues de sainteté
tours et murailles cernes de rouille
toutes les prophéties courbées comme un vieil homme
toutes les ailes moites des anges les
odeurs de bougies tout ce faux tourisme
miasme de rédemption béatitude et testicules
ordure du néant bombe et temps.

Toute cette poussière ces ossuaires
de la résurrection et du vent
tout cet amour toutes ces
pierres cette tristesse.

Remplissez-en les vallées tout autour
pour faire de Jérusalem un terrain plat
où mon petit avion vienne
me ramasser.

Poèmes du pays de Sion et de Jérusalem,
traduit de l'hébreu par Michel Eckhard,

DALIA RABIKOVITCH

Qui es-tu, haut mont

Lumière d'après-midi
à Jérusalem
sur les murs surplombant le jardin de Mamila,
les confins de la rue Shlomsion,
et un cinéma d'une obscurité d'étable.
Le soleil m'est devenu obscur en plein jour
d'hiver.
Dans l'aile sud de l'hôtel King David,
dans une boutique
j'apprenais la littérature.
Puis à Terra Sancta
je comptais les fenêtres surplombant la piscine de
Mamila ;
au cours de Talmud
et au cours d'hébreu
mes pupilles se dilataient.
J'allais me coucher à midi
et revenais à Terra Sancta
quatrième étage,
béant comme un poisson.
J'avais vingt ans
aveuglée

Dalia Rabikovitch est une poétesse israélienne née à Tel-Aviv en 1936.

par les fenêtres surplombant Mamila
et l'hôpital français
proche du no man's land.

Je n'ai pas besoin que Jérusalem se glorifie
du jour où le soleil s'est affaibli
et où ont pullulé les orties.

Gethsémani
et l'autobus qui montait depuis l'église
je les voyais comme des mirages
surplombant Yemin Moshe.
Que me fait à présent
que tous les chemins soient ouverts
et toute la poussière durcie ?

Qui es-tu, haut mont,
traduit de l'hébreu par Colette Salem,
in *Anthologie de la poésie en hébreu moderne*,

MAHMOUD DARWICH

Cantiques

15.

je fuis les frontières qui ont dévoré mes amis
et les frontières courent derrière moi
se rapprochent, se rapprochent
atteignent mon gosier

il vous est difficile de savoir
où prend fin l'épopée
et où commence ma face
car les frontières sont proches

ces rides qui creusent mon front
ne sont pas une injure des ans
et ces cernes bleus sous mes yeux
ne sont pas la trace de nuits blanches avec les femmes
ce sont les frontières qui s'enchevêtrent dans mon corps

je suis voué à la défaite
et mon ennemi est voué à la victoire
je résiste dans la défaite
et mon ennemi résiste dans la victoire

Coule, ô pénombre rampant sur la ville
coule
cette nuit, je compte quitter ma face riche en frontières
et aller rejoindre mon cœur
seule ville à n'être pas devenue captive

16.

je taquine le temps
tel un prince qui caresse son cheval
et je joue avec les jours
comme les enfants jouent avec des coraux multicolores

aujourd'hui je fête
l'écoulement d'un jour après le jour précédent
demain je fêterai
l'écoulement de deux jours après hier
je boirai à la santé d'hier du souvenir du lendemain
ainsi, je continuerai à vivre

lorsque je suis tombé du dos de mon cheval débridé
et que j'ai eu un bras cassé
le doigt que je me suis blessé depuis mille ans
m'a fait mal !

lorsque j'ai commémoré le quarantième jour de la chute d'Acre
je me suis mis à pleurer sur Grenade
et lorsque la corde de la potence s'enroula autour de mon cou
j'ai énormément haï mes ennemis
car ils m'avaient volé ma cravate !

17.

Nous dessinons Jérusalem :
Un dieu se dénudant sur un fil vert sombre. De pseudo-oiseaux émigrent. Une croix se dresse dans la rue de derrière.
Quelque chose ressemblant aux prunes et à l'étonnement de derrière les ponts
Un large espace s'étend depuis les parties intimes d'un soldat jusqu'à l'histoire d'un poète

nous écrivons Jérusalem :
Capitale de l'espoir trompeur, du rebelle évadé, de l'astre absent. Les mots étranges se sont mélangés. Les précédents baisers se sont détachés des lèvres des chanteurs et des vendeurs
Y fut édifiée une nouvelle muraille pour un nouveau désir. Troie rejoignit le butin de captifs. La pierre parlante ne dit pas un mot qui prouve le contraire. Heureux celui qui peut faire avorter le feu dans la foudre !

nous chantons Jérusalem :
Ô enfants de Babylone
fils des chaînes
vous reviendrez bientôt à Jérusalem
et bientôt vous grandirez
vous moissonnerez bientôt le blé dans la mémoire du passé
bientôt, les larmes feront pousser des épis
Ah, enfants de Babylone

vous reviendrez bientôt à Jérusalem
et bientôt vous grandirez
Bientôt
Bientôt
Et bientôt
Alléluia
Alléluia !

Rien qu'une autre année,
traduit de l'arabe par Abdellatif Laâbi,

ABRAHAM B. YEHOSHUA

Le mépris britannique

Né à Jérusalem en 1936, Yehoshua est parti vivre à Haïfa, un peu plus de cent kilomètres au nord, pour alléger et libérer son écriture du joug d'une ville trop prégnante. Il est l'un des chefs de file de la littérature hébraïque contemporaine, dont nombre de romans se déroulent dans l'Israël d'aujourd'hui. Dans ce texte, extrait de son roman Monsieur Mani, *c'est des années précédant la création de l'État d'Israël qu'il est question, celles de la domination britannique sur la Palestine et de cette désinvolture nourrie de mépris que les Anglais entretenaient à l'égard des « indigènes » : les Juifs et les Arabes.*

Colonel, lieutenant Hourbitz, Ivor Steven, de la justice militaire, administration militaire de la 52e division. Je vous suis reconnaissant d'avoir accepté de me recevoir pour un entretien afin d'éclaircir...

Hourbitz, colonel, H. B...

Britannique, bien entendu. Je suis né à Manchester, monsieur...

Mil huit cent quatre-vingt-seize, monsieur...

Oui, monsieur...

Mon père, à mon grand regret, monsieur, n'a pas réussi à naître dans le Royaume-Uni, mais y est arrivé très jeune. Ma mère cependant...

De Russie, monsieur, mais très jeune. Il fait un triste temps comme de juste...

Nous aussi, nous avons été très surpris, colonel, nous ne pensions pas trouver un hiver aussi mauvais à Jérusalem que, dans notre imagination britannique, et de toute façon, nous nous représentions comme une ville brûlée de soleil. Mais cela fait quelques mois déjà, depuis la reddition, que la pluie ne cesse pas, et les gens âgés de la ville jurent qu'il n'y a pas eu d'hiver comme ça durant ce siècle. Mais, monsieur, on a toujours la promesse de quelques belles éclaircies, même pour ces jours qui commencent aussi tristement que celui-ci par exemple. Ce n'est pas le flot éternel de Glasgow ou de Leeds...

Même aujourd'hui, colonel, il y a de l'espoir...

Non. Une prévision bien faite et sûre manque encore ici, monsieur, les aérostats du service royal de météorologie du Caire sont insuffisants pour englober la Palestine dans leurs prévisions. Mais le baromètre qui est sur la façade du consulat français nous donne une information modérément crédible pour quelques heures, et avant d'arriver chez vous, monsieur, je l'ai bien consulté, et je suis heureux de vous l'annoncer, monsieur, on peut espérer une éclaircie dans l'après-midi...

Hourbitz, monsieur...

Exactement, monsieur, H.B., j'espère, colonel, que vous avez bien dormi...

Oh...

Oh...

Oh, je suis au regret de l'apprendre, et vraiment, monsieur, on tient cette auberge pour la plus estimable de Jérusalem, le général Edmund Allenby en personne y a logé après la reddition, et autant que je me souvienne, on n'a pas entendu les gens de sa suite récriminer. Je suis tellement navré d'entendre votre plainte, monsieur...

C'est vrai, monsieur, je savais cela, les cuisiniers n'ont pas encore réussi à s'adapter à la cuisine britannique et la rumeur a déjà couru sur les difficultés d'obtenir du bacon digne de ce nom à Jérusalem. Même la femme de notre gouverneur, lady Humphrey, a déversé ses griefs dans l'oreille du brigadier général, mais, cependant, on annonce que précisément dans cette auberge le cuisinier apprend à préparer du porridge Quaker très remarquable, selon les méthodes traditionnelles britanniques. Cela vaudrait la peine, monsieur, d'essayer d'en demander...

Je vois, colonel...

La ville elle-même, monsieur, est petite et misérable, et après quelques mois ici, je dirais sans hésitation, extrêmement ennuyeuse. La population très hétérogène, un grand mélange de petites communautés fermées. Pauvreté et ignorance d'un côté, arrogance messianique de l'autre, et comme d'habitude il n'y a aucun rapport entre son nom mondialement connu ainsi que les merveilleux textes qu'on a écrits chez elle et en son honneur, et la pitoyable réalité qui est ici, monsieur...

Qu'a-t-elle à proposer ? Pas beaucoup, colonel. Une mosquée célèbre et impressionnante, le dôme du Rocher, c'est son nom, monsieur, vous en avez sans doute déjà entendu parler. Quelques églises importantes, et tout d'abord le Saint-Sépulcre qui est, si je puis me le permettre, monsieur, particulièrement décevant. Les petites églises hors les murs, harmonieuses et douces, sont justement préférables. Quand vous voudrez faire un tour, monsieur, la justice militaire mettra à votre disposition un excellent guide...

Les Juifs, monsieur, n'ont rien à proposer qu'eux-mêmes. À notre étonnement, nous avons constaté qu'ils formaient la majorité de la population de la ville, malgré les années de guerre où beaucoup ont été pourchassés, se sont enfuis, ont erré. Au point de vue architectural, ils ont quelques pauvres synagogues, et bien entendu ce mur blanc, débris de la muraille de leur temple, devant lequel ils restent debout... Oui, simplement, debout, monsieur, ils prient plantés comme ça...

Une demi-journée suffira vraiment, monsieur, pour faire le tour de tous les lieux saints, tout est entassé l'un sur l'autre, et les distances sont ridicules, je dirais presque, tragiques...

Au-delà des murailles, monsieur, quelques nouveaux quartiers disséminés sur les collines, dans lesquels j'ai précisément trouvé pendant ce triste hiver quelques coins auxquels on peut s'attacher, mais pour en comprendre le charme, il me semble, monsieur, qu'il faut laisser passer quelque temps...

Monsieur Mani,
traduit de l'hébreu par Arlette Pierrot,

EDWARD W. SAID

À contre-voie

Né à Jérusalem en 1935, Edward Said passe une grande partie de son enfance au Caire. Il vit ensuite à Beyrouth, puis aux États-Unis, où il étudie et enseigne. Il écrit en anglais mais dit qu'il ne sait pas très bien laquelle des deux langues – l'anglaise ou l'arabe – est sa langue maternelle. Arabe et chrétien, citoyen américain, grand intellectuel du monde occidental, dont il revendique et assume la culture, Palestinien aux premiers rangs de la défense des droits nationaux de son peuple et critique engagé du pouvoir palestinien en place, cosmopolite et singulier ; toujours « à contre-voie ».
Pendant son enfance, Said fait des séjours familiaux, plutôt courts, en Palestine. Mais il passe la majeure partie de l'année 1947 à Jérusalem, qu'il quitte définitivement en décembre de la même année. « La grise et sobre Jérusalem était, à ce moment-là, une ville tiraillée par la politique, par la rivalité entre les différentes communautés chrétiennes, et entre les chrétiens, les juifs et les musulmans. » La crise, qui va culminer dans la première guerre israélo-arabe de 1948 et par la création de l'État d'Israël, est imminente.

Tous les membres de la famille de ma tante Nabiha durent quitter Jérusalem les uns après les autres de sorte qu'au début du printemps 1948, seul l'aîné de mes cousins, Youssef, y vivait encore. Il avait abandonné la maison de Talbiyah car tout le quartier était tombé aux mains de la Hagganah, et s'était installé dans un petit appartement dans Baqa'a-la-haute, un quartier mitoyen de Jérusalem-Ouest. Il quitta ce dernier bastion en mars pour ne plus jamais y revenir. Dans les souvenirs précis forgés au cours de tous mes séjours, du premier au dernier, les habitants des quartiers de Talbiyah, Katamon, Baqa'a-la-haute et Baqa'a-la-basse étaient tous palestiniens, tous ou presque connus de ma famille, et leurs noms résonnent encore à mes oreilles – Salameh, Dajani, Awas, Khidr, Badour, David, Jamal, Baramki, Chammas, Tannous, Qobein – tous devenus réfugiés. Je ne vis aucun des nouveaux résidents juifs émigrés, sauf en d'autres endroits de Jérusalem-Ouest, et lorsque j'entends aujourd'hui parler de Jérusalem-Ouest, je revois toujours les quartiers arabes de mes souvenirs d'enfance. J'ai encore du mal à accepter le fait que ces quartiers mêmes de la ville où je suis né, où j'ai vécu et où je me suis senti chez moi, aient été colonisés et conquis par des émigrés polonais, allemands et américains pour faire de cette cité le symbole unique de leur souveraineté, sans laisser la moindre place à la vie palestinienne qui semble avoir été confinée dans la partie orientale de la ville que j'ai à peine connue. Jérusalem-Ouest est devenue entièrement juive, ses habitants d'origine expulsés à jamais dès mi-1948.

La Jérusalem de cette époque, que ma famille et moi connaissions, était bien plus petite, plus simple et d'apparence plus ordonnée que Le Caire. Les Britanniques étaient les détenteurs du mandat, auquel ils mirent subitement fin en 1948, environ six mois après le départ de ma propre famille pour la dernière fois. Il y avait des soldats anglais partout – la plupart d'entre eux avaient déjà disparu du Caire –, la ville avait un côté très anglais avec ses maisons proprettes, sa circulation bien réglée et sa grande consommation de thé, et ses habitants qui, comme les membres de ma famille et leurs amis, étaient des Arabes anglophones ; je n'avais aucune idée de ce que représentaient le mandat ou le gouvernement palestinien – dont le nom apparaissait sur tous les billets de banque et les timbres. Comparée au Caire, Jérusalem était plus fraîche, sans la grandeur ni la richesse – maisons opulentes, boutiques chères, grosses voitures, foules denses et bruyantes – qui nous entouraient dans la ville égyptienne. La population de Jérusalem semblait plus homogène, composée dans l'ensemble de Palestiniens, bien que je me souvienne avoir aperçu furtivement des Juifs orthodoxes et m'être rendu à Mea Sharim ou tout à côté, où je ressentis un mélange de curiosité et de distance sans intégrer ni même comprendre la présence radicalement distincte des Juifs orthodoxes dans leurs costumes, manteaux et chapeaux noirs.

Je garde le souvenir très précis d'un garçon de ma classe, David Ezra, fils de plombier, qui était le seul Juif (il y en avait plusieurs à l'école) en classe de cinquième, mais un sentiment poignant me bouleverse toujours lorsque je pense à lui à la lumière des changements survenus par la suite dans ma vie et en Palestine. Il était solide, avait les cheveux noirs et me parlait en anglais. Il semblait se tenir à l'écart du reste de la classe et donnait l'impression d'être plus autonome, moins transparent et moins sociable que tous les autres : tout cela m'attirait vers lui. Il ne ressemblait pas aux autres Juifs levantins rencontrés à la GPS ou au club du Caire, mais je ne voyais pas pour autant quel impact sa religion pouvait avoir sur nous, hormis le fait que sa présence parmi nous n'éveillait aucun sentiment étrange. C'était un excellent sportif qui m'impressionnait avec ses larges épaules, ses cuisses puissantes et son jeu agressif. Ezra ne se joignait jamais à nous lorsque nous quittions l'école après les cours l'après-midi, en petits groupes pour nous rassurer les uns les autres lors du passage aux postes de contrôle. La dernière fois que je vis Ezra, il se tenait au bout de la route, le regard tourné vers moi, alors nous nous dirigions, à trois ou quatre, d'un pas tranquille vers Talbiyah. Lorsque ma famille décida soudain, un peu avant Noël, qu'il valait mieux retourner au Caire, mon lien coupé avec Ezra prit bientôt une valeur de double symbole, d'une part, celui de ce fossé infranchissable, et qui le reste faute de mots ou de concepts pour en débattre, entre Juifs et Arabes palestiniens et, d'autre part, celui du silence terrible qui s'abattit sur notre histoire commune à partir de ce moment-là.

À contre-voie,
traduit de l'anglais par Brigitte Caland
et Isabelle Genet,

AMOS OZ

Une histoire d'amour et d'obscurité

Amos Oz est né en 1939 à Jérusalem. À quatorze ans, il part s'établir dans un kibboutz. Il vit aujourd'hui à Arad, dans le désert du Néguev. Son œuvre, qui le place avec Abraham Yehoshua en tête de file des romanciers israéliens, aborde le thème très controversé des mythes fondateurs du sionisme messianique. Oz est un militant de la première heure de la résolution du conflit israélo-palestinien par la création d'un État palestinien aux côtés de l'État d'Israël. Ses romans le ramènent aussi à sa ville natale et à ses souvenirs d'enfance, au temps du mandat britannique. Son monde était un monde clos, éloigné des beaux quartiers de Jérusalem enfouis dans la verdure où savants et artistes, juifs et arabes, devisaient et vivaient dans un raffinement exquis. Son univers était celui des immigrés juifs venus de Russie, nostalgique, passionné, moralisateur, tourmenté, bavard et désordonné ; russe.

Des années plus tard, j'appris que la Jérusalem mandataire des années vingt, trente et quarante, était une ville extraordinairement civilisée : on y trouvait de riches négociants, des musiciens, des spécialistes, des écrivains, Martin Buber, Gershom Scholem, Agnon, et beaucoup d'autres savants et artistes fameux. Parfois, alors que nous empruntions la rue Ben Yehouda ou le boulevard Ben Maïmon, papa me soufflait : « Tu vois, là-bas, c'est un savant mondialement célèbre. » J'ignorais ce qu'il voulait dire. Je croyais que « mondialement célèbre » signifiait avoir les jambes malades, car c'était souvent un vieillard qui marchait avec une canne, d'un pas hésitant, vêtu même l'été d'un épais costume de laine.

La Jérusalem vers laquelle mes parents tournaient leurs regards se trouvait loin de chez nous : à Rehavia, noyée dans la verdure et le son du piano, dans trois ou quatre cafés aux lustres dorés, rue Jaffa ou Ben Yehouda, dans les salons du YMCA, à l'Hôtel du Roi David, où des Juifs et des Arabes épris de culture venaient retrouver des Anglais éclairés et aimables, où des dames rêveuses au cou gracile glissaient – flottaient dans leur robe de bal au bras de messieurs en habit sombre, où des Anglais à l'esprit large s'attablaient en compagnie de Juifs cultivés et d'Arabes instruits, où l'on donnait des récitals, des réceptions, des soirées de lecture, des thés et des causeries artistiques raffinées. Et il est probable que cette Jérusalem-là, avec ses lustres et ses thés, n'existât que dans les rêves des habitants de Kerem Abraham, des bibliothécaires, des professeurs, des employés ou des relieurs. Quoi qu'il en soit, elle ne se trouvait pas chez nous. Kerem Abraham, notre quartier, était celui de Tchekhov.

Bien plus tard, en lisant Tchekhov (traduit en hébreu), j'étais certain qu'il était l'un d'entre nous : l'oncle Vania était notre voisin du dessus, le docteur Samoïlenko se penchait sur moi pour me palper de ses larges et fortes mains quand j'avais une angine ou la diphtérie, Laïévskï avec sa migraine chronique était le cousin germain de ma mère, et nous allions écouter Trigorine le samedi matin, au Centre culturel.

En fait, il y avait chez nous toutes sortes de Russes,

dont beaucoup de tolstoïens. Certains étaient même le portrait craché de Tolstoï. Un jour que j'étais tombé sur une vieille photo sépia de l'écrivain au dos d'un livre, j'étais sûr de l'avoir très souvent rencontré dans le quartier : arpentant la rue Malachie ou descendant la rue Obadia, tête nue, la barbe blanche au vent, le port majestueux du patriarche Abraham, les yeux étincelants, une branche à la main en guise de bâton, une ample tunique, serrée à la taille par un méchant bout de corde, flottant par-dessus un large pantalon.

Les tolstoïens de chez nous (les «tolstoïshtchik», comme les appelaient mes parents) étaient tous végétariens invétérés, réformateurs de l'univers, moralisateurs, profondément épris de nature, philanthropes, aimant les êtres vivants sans distinction, pacifistes passionnés, nostalgiques d'une vie de labeur simple et pure, aspirant au retour à la campagne, au travail primordial de la terre dans les champs et les vergers. Mais ils n'étaient même pas capables de s'occuper correctement de leurs malheureuses plantes : soit ils les arrosaient tellement qu'elles finissaient par mourir, soit ils oubliaient de les arroser, à moins que ce soit la faute du mandat britannique qui, par pure malveillance, versait du chlore dans notre eau.

Certains étaient des tolstoïens tout droit sortis d'un roman de Dostoïevski : torturés, bavards, réprimant leurs penchants, idéalistes tourmentés. Mais tant les tolstoïens que les dostoïevskiens de Kerem Abraham, tous travaillaient chez Tchekhov.

Chez nous, pour désigner le monde, on disait généralement le « vaste monde », mais il avait aussi d'autres patronymes : éclairé. Extérieur. Libre. Hypocrite. Je ne le connaissais pratiquement que par ma collection de timbres : Dantzig. La Bohème et la Moravie. La Bosnie et l'Herzégovine. L'Oubangui-Chari. Trinidad et Tobago. Le Kenya-Ouganda-Tanganyika. Lemondeentier était lointain, séduisant, merveilleux, mais très dangereux et hostile : on n'aime pas les Juifs parce qu'ils sont remarquablement doués et intelligents, mais aussi parce qu'ils font du bruit et cherchent toujours à être les premiers. On n'aime pas ce que nous avons entrepris ici en Eretz-Israël et on nous envie même ce lopin de terre marécageux, rocailleux et désertique. Là-bas, dans le monde, les murs étaient couverts de graffitis haineux : « Sale youpin, va-t'en en Palestine », alors nous sommes allés en Palestine et aujourd'hui, lemondeentier nous crie : « Sale youpin, va-t'en de Palestine. »

Une histoire d'amour et d'obscurité,
traduit de l'hébreu par Sylvie Cohen,
à paraître aux Éditions Gallimard.

SAHAR KHALIFA

Une image, une icône et les temps anciens

Romancière palestinienne, Sahar Khalifa est née en 1941 à Naplouse et vit aujourd'hui à Amman, en Jordanie. Ici, la course d'un homme dans les rues du quartier chrétien de Jérusalem à la recherche de la femme aimée semble la métaphore d'une autre errance, d'une autre absence. Réminiscences heureuses du passé, vertige douloureux du présent, les temps se confondent et se heurtent.

Jérusalem est maintenant une autre Jérusalem. Parmi les vestiges. Un rêve qui se dissipe dans le présent et le futur et m'emporte jusqu'au détroit de Bab el Mandeb et Gibraltar. Vous qui avez traversé les déserts et vous êtes éparpillés, avez-vous trouvé un élixir pour ressusciter les morts ? Je regarde autour de moi et je vois une forêt d'épaules humaines qui me poussent, me bousculent et me happent, avancent, trébuchent et se dispersent, foulant ma migraine et les pulsations de mon sang. Je me perds sur la place et j'erre comme erraient les miséreux de Grenade.

La cloche du plus haut bâtiment se met à sonner ; les moineaux s'envolent et les corbeaux croassent. La statue de la Vierge sur les hauteurs ouvre ses bras à tous ceux qui approchent, tandis que je continue à piétiner au milieu la place, entouré d'arbres fous et du vacarme des touristes.

Je marche, écorchant le visage de Jérusalem pour la trouver. Je marche dans le souk, je monte les escaliers qui me portent vers les ruelles où je m'abritais de la chaleur du soleil. Dans le cœur de Jérusalem, sous les arcades en pierre et les colonnes, sous les plafonds voûtés et bombés d'où pointaient des herbes et des oiseaux, nous marchions en jetant des billes qui roulaient et dégringolaient du portail du couvent grec-orthodoxe jusqu'à la mosquée El Aqsa. Le cheikh hurlait : « Vous n'avez pas honte, les enfants, vous n'avez pas honte, petits démons, ici c'est un lieu de prière, pas un terrain de jeu. » Nous nous cachions derrière la muraille pour voir les billes dégringoler, elles sautaient et bondissaient comme des moineaux, heurtaient les dalles de la salle d'ablutions et de l'esplanade de la Mosquée d'Omar comme des coups de bec. Alors il prenait son bâton et nous menaçait : « Ya Allah, maudits garnements, rentrez chez vous, si Dieu vous voyait, il vous maudirait » et il fermait la porte. Me voilà maintenant, je marche, je marche, de peur qu'un dieu me maudisse et je ferme la porte.

J'entendis une chorale d'enfants d'un côté du souk. Je m'arrêtai pour examiner les affiches sur les murs en attendant qu'ils passent. Les enfants portaient des vêtements blancs aériens, des branches de palmiers, des corbeilles de fleurs et de longues bougies décorées de rubans roses et de volants. Conduisant la file d'enfants, une religieuse marchait nerveusement, agitant les bras comme un chef d'orchestre et ouvrant grand la mâchoire sans émettre de son. Le chant qui s'élevait dans les airs fit s'arrêter des acheteurs et des marchands, un groupe de touristes de Rome, des femmes qui vendaient de la sauge et des bottes de menthe ; un homme qui criait : « Ya Allah, jus de caroube » s'arrêta de faire claquer ses castagnettes et se retourna à la recherche d'un touriste qui le photographierait ou lui achèterait à boire. Et moi, je m'arrêtai pour les regarder passer : d'abord les enfants, puis les prêtres, puis les religieuses, suivis des vendeurs et vendeuses de sirop de réglisse. Je vis une femme en noir apparaître derrière le mur de Bab el Asbat et suivre le groupe et le cortège, marchant avec difficulté vers la Vierge de l'église Notre-Dame. Je m'arrêtai pour la regarder ; elle m'appela : « Ya Ibrahim, suis-les, suis-les » et, de l'autre côté du trottoir, je vis Jamilé. Je l'interpellai par un geste et elle me fit signe de me dépêcher, mais le feu, les voitures, le vacarme des passants et le tumulte de la traversée... Je m'arrêtai pour attendre que le feu passe au rouge et quand j'arrivai, le cortège avait atteint le bâtiment et disparu à l'intérieur de l'église Notre-Dame. « Pourquoi es-tu en retard ? » me cria-t-elle tristement. « Pourquoi es-tu en retard ? Suis-les, suis-les. » Et quand elle vit que je ne réagissais pas et que j'esquissais de la main un point d'interrogation, elle montra du doigt le bâtiment où s'était engouffré le cortège et me dit en haletant : « C'est peut-être Mariam. » Je lui pris les mains et implorais : « Mariam, c'est sûr ? – Non, ce n'est pas sûr, le curé a dit c'est peut-être Mariam... » Je n'attendis pas la fin de sa phrase et me précipitai à la suite du cortège, grimpai les escaliers du bâtiment et pénétrai dans le hall tout essoufflé.

Il y avait des touristes et leurs bagages partout. Je questionnai la femme de l'accueil, qui me répondit, excédée : « Ici c'est l'hôtel, pas l'église, l'église c'est là-bas. » Je pris le passage, puis un autre, puis des escaliers élevés, puis les galeries ornées de verres soufflés d'Hébron et de branches de fougères.

Quand je suis arrivé, le prêtre prononçait son sermon, j'avançai comme un voleur en longeant les murs, scrutant une rangée après l'autre, entre les religieuses, parmi les enfants, près de l'autel, mais rien, pas la moindre trace.

En sortant, je retrouvai Jamilé au dernier rang, lisant et écoutant le sermon. Je lui chuchotai alors : « Non, ce n'est pas Mariam » ; elle baissa les yeux et détourna le regard afin que je ne perturbe pas la sérénité ambiante. Quand elle vit que je ne bougeais pas, elle me rabroua en chuchotant pour me faire taire : « Tu es en retard ! » puis reprit la lecture, dans le Nouveau Testament, des paroles de Dieu.

Une image, une icône et les temps anciens,

Extrait traduit de l'arabe
par Soraya Khalidy.

MÛRID AL-BARGHÛTI

La Jérusalem de la corde à linge

Palestinien, Mûrid Al-Barghûti est né en 1944 à Ramallah. Il quitte le pays après la guerre de 1967 et rejoint la diaspora palestinienne. Il vit aujourd'hui au Caire. Poète engagé dans la revendication politique de son identité nationale et poète tout court, pour qui l'amour est un thème de prédilection, il est l'auteur d'une œuvre singulière, qui marque la poésie arabe contemporaine. J'ai vu Ramallah, *le roman de sa visite à sa ville natale après vingt ans d'absence, évoque Jérusalem, avec les mots et les images poétiques qui vont et viennent librement, de ce qui fut et n'est plus – la ville ordinaire et aimée de son enfance – à ce qui est – la ville tragiquement sacralisée et désormais interdite.*

Le monde ne connaît de Jérusalem que la puissance du symbole. Le dôme du Rocher en particulier, c'est ce que l'œil voit et c'est ainsi que le monde regarde Jérusalem et en est satisfait. La Jérusalem des religions, la Jérusalem de la politique et la Jérusalem des conflits est la Jérusalem du monde. Mais le monde ne se préoccupe pas de notre Jérusalem, la Jérusalem du peuple. La Jérusalem des maisons, des rues pavées et des marchés aux épices, la Jérusalem du Collège arabe, de l'école Rashidiya et de l'école Omariya. La Jérusalem des portefaix et des guides touristiques qui connaissent de chaque langue juste ce qu'il faut pour s'assurer trois repas par jour. Le khan el-Zeit et les marchands d'antiquités, de nacre et de galettes au sésame. La librairie, le médecin, l'avocat, l'ingénieur et les robes des mariées bien dotées. L'arrêt des bus qui arrivent chaque matin des villages, chargés de paysans venus vendre et acheter. Jérusalem du fromage blanc, de l'huile, des olives et du thym, des paniers de figues, des colliers, du cuir et de la rue Salah el Din. Notre voisine, la religieuse, et son voisin, le muezzin qui était toujours en retard. Les branches de palmiers dans les rues le dimanche des Rameaux, Jérusalem des plantes d'intérieur, des allées pavées et des ruelles couvertes. Jérusalem des cordes à linge. C'est ça la ville de nos esprits, de nos corps et de notre enfance. La Jérusalem dans laquelle nous marchons sans nous préoccuper de sa « sainteté », parce que nous y sommes, parce qu'elle est nous. Nous traînons ou nous nous dépêchons en sandales ou en chaussures marron ou noires, marchandant avec les boutiquiers, achetant de nouveaux habits pour le *Eid* [1].

Nous faisons les courses pour le Ramadan et prétendons jeûner, nous éprouvons ce plaisir secret lorsque nos corps adolescents effleurent les corps des jeunes filles européennes le dimanche de Pâques. Nous partageons avec elles l'obscurité de l'église du Saint-Sépulcre et soulevons avec elles les bougies blanches qu'elles allument. C'est ça, la Jérusalem ordinaire. La ville des petits moments que nous avons vite fait d'oublier parce que nous n'avons pas besoin de nous les rappeler et qu'ils sont ordinaires comme l'eau est l'eau et l'éclair est l'éclair. Et pendant que ces instants glissent entre

1. Fête religieuse musulmane.

nos mains, elle est élevée comme un symbole, là-haut dans le ciel.

Les conflits préfèrent les symboles. Jérusalem aujourd'hui est celle de la théologie. Le monde s'inquiète du « statut », de l'idée et du mythe de la ville, mais nos vies à Jérusalem et la Jérusalem de nos vies n'inquiètent personne. La Jérusalem du ciel vivra éternellement, mais notre vie à Jérusalem est menacée d'extinction. Ils limitent le nombre de Palestiniens dans la ville, le nombre de maisons palestiniennes, les fenêtres, les balcons, les écoles et les garderies, le nombre de personnes qui prient le vendredi et le dimanche. Ils disent aux touristes où acheter leurs cadeaux, dans quelles ruelles marcher, dans quels bazars aller. Maintenant nous ne pouvons plus entrer dans la ville en touristes, en étudiants ou en vieillards. Nous ne pouvons pas y vivre et nous ne pouvons pas en partir, nous ne pouvons pas nous ennuyer de Jérusalem et la quitter pour Naplouse, Damas, Bagdad, Le Caire ou l'Amérique. Nous ne pouvons pas la déserter au prétexte que, par exemple, les loyers sont élevés. Nous ne pouvons pas nous en plaindre comme tous les habitants du monde se plaignent de leurs capitales fatigantes. Le pire, dans les villes occupées, c'est que les enfants de ces villes ne peuvent pas se moquer d'elles. Qui pourrait se moquer de Jérusalem ! Maintenant, les lettres envoyées à nos adresses là-bas ne nous parviendront pas. Ils ont pris les adresses de nos maisons et la poussière de nos tiroirs. Ils ont pris la foule de la ville, ses portes, ses ruelles, ils ont même pris le bordel secret de la ruelle de Bab Hutta qui stimulait notre imagination d'adolescents, avec ses courtisanes aussi grosses que les statues indiennes. Ils ont pris l'hôpital Sainte Augusta Victoria, le jebel el Tur où habitait Khali 'Ata et le quartier de Cheikh Jarrah où nous avons habité un jour. Ils ont pris les bâillements des élèves derrière leurs pupitres, leur ennui pendant la dernière leçon du mardi. Ils ont pris les empreintes des pas de ma grand-mère lorsqu'elle allait visiter Hajja Hafiza et sa fille Hajja Rashida. Ils ont pris les prières de ses deux femmes, leur petite chambre dans la vieille ville et le matelas de paille sur lequel elles jouaient aux cartes : *barjis* et *basra.* Ils ont pris la boutique où je venais spécialement de Ramallah pour acheter une paire de chaussures en cuir de bonne qualité, puis retournais chez les miens avec des gâteaux de chez Zalatimo et de la *kunafa* de chez Jaafar après avoir parcouru seize kilomètres par le bus de Bamyeh pour cinq piastres, je rentrais à la maison (chez nous) à Ramallah, triomphant et fier car je revenais de Jérusalem.

Maintenant, je ne verrai ni la Jérusalem du ciel, ni la Jérusalem de la corde à linge. Israël, prétextant le ciel, a occupé la terre.

J'ai vu Ramallah,

Extrait traduit de l'arabe par Soraya Khalidy.

DAVID GROSSMAN

Voir ci-dessous : amour

David Grossman est né en 1954 à Jérusalem. Le héros de son deuxième roman, Momik, est le fils unique d'un couple de rescapés des camps de la mort nazis comme il en existe tant à Jérusalem. Les parents de Momik refusent d'évoquer ce qu'ils ont subi dans le « pays de Là-Bas » et ce mystère deviendra l'obsession de la vie de l'enfant. Il poursuivra une enquête obstinée parmi le petit monde du quartier, pauvre et chaleureux, où il grandit.

Dans son café, Bella servait des petits déjeuners légers et de choix, ainsi que des déjeuners maison pour gourmets. Momik se rappelait le mot « gourmet », parce que c'était lui qui avait écrit le menu pour Bella en trois exemplaires (pour ses trois tables) ; il avait aussi dessiné dessus des gens bien gros, tout sourire d'avoir si bien mangé chez Bella. Dans son café, Bella servait aussi, bien sûr, des petits gâteaux faits maison, beaucoup plus frais qu'elle, comme elle aimait à dire à qui voulait l'entendre ; mais le problème, c'était qu'il n'y avait presque plus personne qui le voulait, parce que les gens ne venaient presque plus au café. Il n'y avait que les ouvriers marocains qui construisaient les nouveaux logements de Beth-Mazmil pour entrer tous les matins à dix heures acheter une bouteille de lait, un peu de pain et des yaourts ; entraient aussi les quelques habitués de la ruelle, et Momik, cela va de soi. Mais il n'avait jamais d'argent sur lui. Les autres ne venaient plus depuis l'ouverture d'un nouveau supermarché tout moderne au centre commercial où ceux qui achetaient pour trente livres de marchandises recevaient en prime des dessous-de-verre à thé en liège, comme si toute leur vie ils avaient pris le thé dans un verre sur une soucoupe chez la princesse, et ils étaient tous là à se presser, on aurait dit qu'ils allaient chercher de l'or et non pas du poisson fumé et des radis, et puis chacun y conduisait de long en large son chariot en acier, du solide, comme ça ils se font tous mener en chariot, disait Bella, sans véritablement se mettre en colère, et, chaque fois qu'elle parlait du supermarché, Momik rougissait et regardait ailleurs – il y allait lui aussi de temps en temps pour regarder toutes ces lumières, toutes les choses qu'ils vendaient, les caisses enregistreuses qui sonnaient, comment ils attrapaient les carpes dans le bassin, mais Bella ne se souciait guère que ses clients l'aient ainsi quittée, ça lui était bien égal. Bella disait comme ça, de toute façon, on sera pas plus riche ni plus pauvre, dis-moi un peu, est-ce que Rockefeller mange deux fois à déjeuner, est-ce que Rothschild dort dans deux lits ? Non, mais ce qui l'inquiétait, c'était l'oisiveté et l'ennui, si ça continuait comme ça, elle irait même faire des ménages, ne serait-ce que pour ne plus rester assise là, qu'est-ce qu'elle pouvait bien faire, parce qu'elle n'irait pas à Hollywood cette année, pas à cause de ses jambes, probable, et Marilyn Monroe pouvait continuer à dormir tranquille avec son nouveau mari juif. Bella était assise toute la journée à l'une des tables vides, elle lisait *Femme* et *Yediot Aharonot*, le journal du soir, fumait des cigarettes Savion, l'une après l'autre. Elle n'a peur de rien et dit toujours ce qu'elle pense. C'est pour ça que, quand les inspecteurs de la mairie sont venus expulser Max et Moritz de leur remise, elle leur a si bien dit sa façon de penser qu'ils ne pourront jamais l'oublier, et même de Ben Gourion elle n'avait pas peur et, lorsqu'elle parlait de lui, elle l'appelait « le petit dictateur de Plonsk », mais elle ne parlait pas toujours comme ça, il ne faut pas oublier qu'elle était arrivée, comme d'ailleurs tous les gens âgés que Momik connaissait, du pays de Là-Bas, dont on évitait de trop parler – on y pensait seulement au fond de son cœur avant de pousser un *krekhtz,* un soupir long comme ça, oooooïï, c'était ce qu'ils faisaient tous, mais Bella était quand même un peu différente, et Momik avait entendu de sa bouche des choses importantes sur ce pays-là, et même si elle ne devait pas non plus, bien sûr, raconter tous les secrets à Momik, elle avait cependant fait quelques allusions sur la maison que ses propres parents avaient eue dans le pays de Là-Bas, et c'était par Bella que Momik avait entendu parler pour la première fois de la Bête nazie.

Voir ci-dessous : amour,
traduit de l'hébreu par Judith Misrahi
et Ami Barak,

collection « Points », 1995.

POST-SCRIPTUM : AMOUR

TED CARMI

À la pierre des pertes

Je cherche
Ce que je n'ai pas perdu.

Toi, bien entendu.

Si je savais comment –
J'arrêterais.

Je me tiendrais à la Pierre des Pertes
Et je proclamerais à tue-tête :

Excusez-moi.
Je vous ai importuné en vain.
Les signes distinctifs que j'ai donnés
(Un front blanc, silencieux,
Un nom à trois syllabes,
Un cou, une cicatrice, la couleur, la taille)
N'ont jamais été en ma possession.

Ted Carmi est un poète juif et israélien, né à New York en 1925 et mort à Jérusalem en 1994, où il s'était installé en 1947. Le poème reproduit ici évoque un lieu de Jérusalem appelé la Pierre des Pertes. « Tous ceux qui avaient perdu ou trouvé quelque chose s'y rendaient. Les uns proclamaient leurs trouvailles, les autres donnaient le signalement des objets perdus et ils leur étaient restitués » Baba Metziah.

Pour ma vie,
Par cette pierre, au cœur de Jérusalem,
Je me rétracte,
Je reprends tout.

Ayez pitié de moi.
Je n'ai pas voulu me moquer de vous.
Je sais qu'il se trouve ici

Des gens qui sont abattus, que le destin a frappés,
Dont le monde a été détruit en un instant de vérité.

Pour moi – je cherche
Ce que je n'ai pas perdu.
Ce que –
Ce que –
Un nom, un cou, une cicatrice,
Et un front blanc comme la pierre.

À la pierre des pertes,
traduit de l'hébreu par Emmanuel Moses,
in *Onze poètes israéliens contemporains,*

PAUL CELAN

Enclos du temps

(Extraits)

Il y avait
un air de figue sur ta lèvre,

il y avait
Jérusalem autour de nous,

il y avait
l'odeur de pin blond
sur le bateau danois, auquel allait notre gratitude,

il y avait
moi en toi.
[...]

La fournaise
nous compte ensemble
dans le cri de l'âne, devant
le tombeau d'Absalon, ici aussi,

Gethsémani, en face,
qu'on a évité, qui
encombre-t-il ?

Paul Celan est né en Roumanie en 1920 et mort à Paris en 1970.

À la plus proche des portes rien ne s'ouvre,

par-dessus toi, Ouverte, je te porte jusqu'à moi.
[…]

L'ÉCLAT, oui, celui-là
qu'Abu Tor
voyait venir sur nous à cheval, lorsque
l'un dans l'autre nous devenions orphelins, par excès de vie,
et non seulement depuis les racines des mains – :

une bouée d'or, surgie
des profondeurs du temple,
prenait la mesure du danger
qui silencieusement sous nous succomba.
[…]

LES PÔLES
sont en nous,
infranchissables
dans la veille,
mais nous transdormons, devant la porte
de la compassion,

pour toi je te perds, c'est
ma consolation de neige,

dis : Jérusalem est,

dis-le, comme si j'étais
ce blanc qui est le tien,
comme si tu étais
le mien,

comme si nous pouvions, sans nous, être nous,

je t'effeuillette, à jamais,

tu pries, tu nous fais libre
lit.

Enclos du temps,
traduit de l'allemand par Martine Broda,

« Le goût de… »

Le goût de l'Abyssinie
Le goût de l'Afghanistan
Le goût de l'Afrique
Le goût d'Alexandrie
Le goût d'Alger
Le goût d'Amsterdam
Le goût de l'Anjou
Le goût d'Antibes
Le goût de l'Asie
Le goût d'Athènes
Le goût de l'Australie
Le goût de Bali
Le goût de Barcelone
Le goût de Belgrade
Le goût de Berlin
Le goût de Beyrouth
Le goût de la Birmanie
Le goût de Bombay
Le goût de Bordeaux
Le goût du Brésil
Le goût de la Bretagne
Le goût de Bruxelles
Le goût de Bucarest
Le goût de Budapest
Le goût de Buenos Aires
Le goût du Cambodge
Le goût du Canada
Le goût de Cannes
Le goût des cités impériales du Maroc
Le goût de Capri et autres îles italiennes
Le goût de Chicago
Le goût de la Chine
Le goût de la Corse
Le goût de la Crète
Le goût de la Croatie
Le goût de Cuba
Le goût de Deauville
Le goût de Dublin
Le goût de l'Égypte
Le goût de l'Engadine
Le goût de Florence

Le goût de Genève
Le goût de la Grande-Bretagne
Le goût du Grand Nord
Le goût de Grenade
Le goût de la Guadeloupe
Le goût de la Haute-Provence
Le goût du Havre
Le goût des îles Baléares
Le goût des îles grecques
Le goût de l'île Maurice
Le goût de l'Inde
Le goût des villes de l'Inde
Le goût d'Istanbul
Le goût du Japon
Le goût de Jérusalem
Le goût de Kyoto
Le goût des lacs italiens
Le goût de Lille
Le goût de Lisbonne
Le goût de la Loire
Le goût de Londres
Le goût de Los Angeles
Le goût de Lourdes
Le goût de Lyon
Le goût de Madrid
Le goût de Marrakech
Le goût de Marseille
Le goût de la Martinique
Le goût de Mexico
Le goût du mont Blanc
Le goût de Montpellier
Le goût de Montréal
Le goût du Mont-Saint-Michel
Le goût de Moscou
Le goût de Nancy
Le goût de Nantes
Le goût de Naples
Le goût du Népal
Le goût de New York
Le goût de Nice
Le goût de la Normandie
Le goût d'Odessa
Le goût de l'Orient

Le goût de Palerme
Le goût de Paris
(3 volumes : 1. Le mythe ; 2. L'espace ; 3. Le temps)
Le goût du Paris insolite
Le goût du Pays basque
Le goût de Pékin
Le goût du Périgord
Le goût de Prague
Le goût de la Provence
Le goût du Rhin
Le goût de Rio
Le goût de Rome
Le goût de la Russie
Le goût de Saint-Jacques-de-Compostelle
Le goût de Saint-Pétersbourg
Le goût de Salzbourg
Le goût de San Francisco
Le goût du Sénégal
Le goût de Séville
Le goût de Shanghai
Le goût de la Sicile
Le goût de Strasbourg
Le goût de la Suisse
Le goût de Tahiti
Le goût de Tanger
Le goût de la Thaïlande
Le goût du Tibet
Le goût de Tokyo
Le goût de Toulouse
Le goût de Tours
Le goût de Trieste
Le goût de Tunis
Le goût de Turin
Le goût de la Turquie
Le goût de Venise
Le goût de Versailles
Le goût du Vietnam
Le goût de Vienne

Le chant des villes
Le (dé)goût de la laideur
Le goût de l'absolu
Le goût de l'amitié
Le goût de l'amour
Le goût de l'architecture
Le goût de l'argent
Le goût du baiser
Le goût de la bière
Le goût du bleu
Le goût du bonheur
Le goût du bouddhisme
Le goût de la boxe
Le goût du café
Le goût de la campagne
Le goût du champagne
Le goût de la chanson
Le goût des chats
Le goût du cheval
Le goût des chiens
Le goût du chocolat
Le goût du ciel
Le goût du cinéma
Le goût de courir
Le goût de la cuisine
Le goût de la danse
Le goût des déserts
Le goût des desserts
Le goût de l'école
Le goût de l'enfance
Le goût de l'été
Le goût des femmes
Le goût de la fête
Le goût du football
Le goût de la forêt
Le dégoût de la guerre de 14-18
Le goût des haïku
Le goût des hommes
Le goût de l'humour
Le goût de l'humour juif
Le goût des îles
Le goût des jardins
Le goût du jazz

Le goût du jeu
Le goût du judaïsme
Le goût de la lecture
Le goût de la liberté
Le goût des livres
Le goût de la maison
Le goût de la marche
Le goût du mariage
Le goût des mathématiques
Le goût de la mer
Le goût des mères
Le goût de la montagne
Le goût des mots
Le goût de la musique
Le goût de Noël
Le goût du noir
Le goût de la nostalgie
Le goût de l'opéra
Le goût de l'or
Le goût des parfums
Le goût de la pêche
Le goût de la peinture
Le goût de la photo
Le goût de la poésie amoureuse
Le goût de la poésie française
Le goût de la radio et autres sons
Le goût du rêve
Le goût de la révolte
Le goût du rock'n'roll
Le goût de la rose
Le goût du rouge
Le goût du rugby
Le goût du sexe
Le goût du tabac
Le goût du tennis
Le goût du thé
Le goût du théâtre
Le goût des vaches
Le goût des vampires
Le goût du vélo
Le goût des villes imaginaires
Le goût du vin
Le goût du voyage

Réalisation Pao : Dominique Guillaumin
Achevé d'imprimer
sur les presses de l'imprimerie Laballery
en janvier 2017.
Imprimé en France.

Premier dépôt légal : février 2003
Dépôt légal : janvier 2017
N° d'imprimeur : 612244

315682